O AUTISMO
EM MINHA VIDA

Solicite nosso catálogo completo, com mais de 500 títulos, onde você encontra as melhores opções do bom livro espírita: literatura infantojuvenil, contos, obras biográficas e de autoajuda, mensagens espirituais, romances, estudos doutrinários, obras básicas de Allan Kardec, e mais os esclarecedores cursos e estudos para aplicação no centro espírita – iniciação, mediunidade, reuniões mediúnicas, oratória, desobsessão, fluidos e passes.

E caso não encontre os nossos livros na livraria de sua preferência, solicite o endereço de nosso distribuidor mais próximo de você.

Edição e distribuição
EDITORA EME
Avenida Brigadeiro Faria Lima, 1080 – Vila Fátima
CEP 13369-040 – Capivari-SP
Telefones: (19) 3491-7000 | 3491-5449
Vivo (19) 9 9983-2575 ☺ | Claro (19) 9 9317-2800
vendas@editoraeme.com.br – www.editoraeme.com.br

@editoraeme   f /editoraeme   ▶ editoraemeoficial   @EditoraEme

Regiane Gonzaga

O AUTISMO
EM MINHA VIDA

Prefácio Orson Peter Carrara
Apresentação Dr. Américo Domingos Nunes Filho

Capivari-SP
– 2025 –

© 2020 Regiane Gonzaga

Os direitos autorais desta obra foram cedidos pela autora para a Editora EME, o que propicia a venda dos livros com preços mais acessíveis e a manutenção de campanhas com preços especiais a Clubes do Livro de todo o Brasil.

A Editora EME mantém o Centro Espírita "Mensagem de Esperança" e patrocina, junto com outras empresas, instituições de atendimento social de Capivari-SP.

4ª reimpressão – setembro/2025 – de 4.501 a 5.000 exemplares

CAPA, PROJETO GRÁFICO E DIAGRAMAÇÃO | Marco Melo
REVISÃO | Rubens Toledo

Ficha catalográfica

Gonzaga, Regiane, 1980
O autismo em minha vida / Regiane Gonzaga –
4ª reimp. set. 2025 – Capivari, SP: Editora EME.
176 p.
1ª ed. jan. 2020

ISBN 978-85-9544-135-4

1. Autismo. 2. História de superação.
3. Fé espírita como lenitivo.
4. Convivendo com o autismo.
I. TÍTULO.

CDD 133.9

Sumário

Dedicatória 7
Do luto para a luta 9
Apresentação da obra 13
Introdução 17

Capítulo I
Um filho muito sonhado 21

Capítulo II
Primeiros sinais 29

Capítulo III
Comportamentos 35

Capítulo IV
Saindo do luto 55

Capítulo V
Convivendo com o TEA 69

Capítulo VI
Dúvidas comuns 83

Capítulo VII
O autismo que nem todos conhecem 93

Capítulo VIII
Não foram só lágrimas 119

Capítulo IX
Como a fé me ajudou 133

Capítulo X
Recomendações importantes 147

DEDICATÓRIA

GOSTARIA DE DEDICAR este livro ao meu esposo, Carlinhos, por todo o companheirismo e por me ajudar nessa difícil tarefa.

Ao amigo Orson e sua esposa, Neusa, por acreditarem em mim, por me apoiarem e incentivarem a escrevê-lo.

Meus agradecimentos, também, ao dr. Américo Domingos Nunes Filho por ter aceito fazer a apresentação dessa obra contribuindo com seus preciosos conhecimentos.

Aos amigos do Centro Espírita Nosso Lar, por todo o acolhimento e por estarem me ajudando no conhecimento da doutrina.

Aos "anjos" (pessoas) que tive no meu caminho, que eu não ousaria citar nomes para não correr o risco de me esquecer de algum, ao meu anjo guardião e aos espíritos amigos que me auxiliaram em todo o processo de construção do livro, dando-me a inspiração necessária.

E por último, mas não menos importante, ao meu filho Matheus, razão da minha existência e o responsável por este livro estar sendo publicado hoje.

Gratidão!!!

Regiane Gonzaga

DO LUTO PARA A LUTA

O QUE SE vai ler nas páginas desta obra é um relato comovente, real e repleto de lições. É o testemunho vivo de uma mãe, que como toda mãe sonhou com a maternidade gerando uma criança saudável.

Regiane é esta mãe. Seu único filho é autista e ela viveu com o marido os sonhos da maternidade/paternidade para defrontar-se depois com a dura realidade – que demorou um tanto para ser identificada –, estagiando pelos estados de revolta, negação, adotando um verdadeiro luto contra a vida, para depois partir decisiva para a luta e muito aprender com a difícil experiência, a lhe exigir renúncia e paciência, em ocorrências que podemos classificar, sem exagero, como dramáticas, face às lutas que enfrentou e ainda enfrenta.

Até chegar à fé genuína, aquela que raciocina, que se resigna, que aceita a dificuldade sem murmurar e hoje tira alegrias incontáveis dessa convivência desafiadora, ensinando-os a viver e enfrentar a adversidade.

Eu me curvo diante da nobreza dessas mães.

Nobreza que indica mesmo a fortaleza dessas mulheres a quem Deus confia Seus filhos com tais necessidades, cuja causa detalhada nos escapa à compreensão exata, embora tenhamos noções gerais.

Do ponto de vista doutrinário, sabe-se que tais experiências são provas e/ou expiações (em face aos comprometimentos no passado ou necessidade de aprendizados que não temos como avaliar) para o principal protagonista, mas também para os familiares, especialmente os pais. Mas também podem ser solicitações dos próprios envolvidos para colaborar com a ciência nas pesquisas sobre a saúde humana, seus transtornos e dificuldades, oferecendo-se como voluntários para tais enfrentamentos, trazendo valiosa contribuição para os avanços das pesquisas médicas, psicológicas e psiquiátricas.

Todavia, não temos o "prontuário" de tais bagagens. Temos o que a realidade nos apresenta, em comportamentos agressivos ou calmantes, desafiadores ou alarmantes, impactantes ou doloridos. E com eles temos que nos adaptar para enfrentá-los com sabedoria nos aprendizados que a vida apresenta.

Aliado a tudo isso, a fé é componente importante, igualmente utilizado pela citada mãe, com grande aproveitamento.

Escrever um livro com seu relato de vida era seu sonho, aqui concretizado. Em texto que conquista o leitor, é obra que leva a pensar bastante sobre a realidade humana e seus desafios. Busque-se *O Livro dos Espíritos* e todos encontraremos embasamento para a questão. Não será difícil enquadrar o tema nos diversos quesitos da fundamental obra. O conceituado escritor Hermínio Miranda publicou valiosa obra com o título *Autismo*, cujo tema ora nos ocupa e que igualmente sugerimos aos leitores.

Meus cumprimentos à mãe autora, pela coragem, clareza e determinação, mas também pela sua elegância textual. O texto entusiasmou-me.

Deixo com os leitores preciosa declaração de amor dessa mãe a seu filho, dela necessitado e nela encontrando os recursos para os aprendizados que buscou ou necessita.

Orson Peter Carrara

(Escritor, orador, articulista de jornal e revista espírita e ex- presidente da USE Regional Jaú, fundador do jornal *Tribuna Espírita*).

Apresentação da obra

PRIMEIRAMENTE, COMO MÉDICO especializado em Pediatria, igualmente como pai de uma linda jovem portadora de grave transtorno de espectro autista e, como espírita, articulista de várias matérias com referência a esse tema, também tendo a oportunidade de proferir uma palestra em Paris, como igualmente dissertar a respeito do assunto, no capítulo "Reencarnação e autismo" do livro *Reencarnação - questão de lógica*, publicado pela Editora EME, em verdade, sinto-me, a respeito do assunto, sem vaidade, como um peixe dentro d'água – essa vivência me transforma e espiritualiza.

Felicito a autora pela obra e pela perspicácia de trazer a público essa temática tão importante e atual, desde que cada vez mais há um aumento real no número de casos, já ultrapassando a incidência das conhecidas afecções congênitas. A ciência ainda não sabe explicar o porquê. Contudo, os profitentes espíritas podem argumentar que, através do autismo, conseguem os seres espirituais reencarnar em maior número sem a ameaça do processo abortivo, já que o transtorno não é percebido antes do nascimento.

A argumentação de que o comportamento autista é decorrente de o espírito não ter aceitado sua reencarnação peca pelo fato de a própria doutrina, na questão 345 de O Livro dos Espíritos, ressaltar que o ser extrafísico, nesse caso, pode abandonar sua vestimenta somática, rompendo os frágeis laços que o prendem, o que se conhece como aborto espontâneo.

Em relação à importância da obra, *O autismo em minha vida*, algumas considerações podem ser feitas:

1   O diagnóstico de autismo foi dado tardiamente, desde que o transtorno era pouco conhecido. Atualmente, já se verifica o contrário.

2   O livro é muito edificante e consolador, revelando pais fortes e essencialmente resolutos. A escritora Regiane, como mãe do querido Matheus, aborda o tema com sabedoria, exteriorizando muito sentimento, principalmente a coragem para a superação, buscando novos conhecimentos, todos relacionados a cumprir cada vez melhor sua condição de mãe e de amiga do seu filho.

3   O esforço de Regiane, com o apoio de seu esposo Carlinhos, possibilitou que o filho fosse criado ao mesmo tempo em que, ao longo de oito anos, ela fazia uma graduação em Pedagogia e três pós-graduações: Análise de Comportamento Aplicada ao Autismo, Psicopedagogia, Autismo. Todo esse vigor se resume em apenas uma palavra: AMOR.

4   Como *expert* em autismo, abordando os sinais de

alerta observados nos pacientes, a autora ressalta que cada portador do transtorno é de um jeito e que não se pode generalizar, porquanto apresentam características diferentes umas das outras. Realmente, cada ser é uma individualidade, uma criatura espiritual, com habilidades e conquistas próprias, podendo, com as provações, dar um marcante salto evolutivo.

5. Trata-se de uma obra essencial para pais e familiares de crianças acometidas, desde que Regiane vai fundo na questão, englobando o transtorno em seus vários aspectos. Igualmente, o livro é uma efetiva ferramenta instrutiva para todos os profissionais envolvidos nos cuidados com os autistas e para o público em geral.

Felicito, portanto, a autora, pela excelente publicação, e a Editora EME, sempre interessada em trazer a lume relevantes lançamentos literários.

Dr. Américo Domingos Nunes Filho
(escritor, orador e pesquisador espírita. Presidente da Associação Médico-Espírita do Estado do Rio de Janeiro - 2018/2020)

Introdução

Cada um tem uma maneira de definir o autismo. Eu diria que, para mim, ele foi um divisor de águas. Existe a Regiane *antes* e a Regiane *depois* do autismo.

Ter um filho autista nunca, de forma alguma, foi algo que eu tinha sonhado e planejado para minha vida. Mas aconteceu! E eu precisei aprender a como lidar com isso.

Neste livro eu pretendo compartilhar minha história e tudo o que eu aprendi ao longo desses anos e também levar uma mensagem de fé e otimismo a todos que, assim como eu, estão aprendendo a conviver com o autismo.

Vamos falar sobre os sintomas, os tratamentos, a escola e o processo de inclusão, as leis e direitos, em como a fé me ajudou e muito mais.

Sei que alguns se identificarão com minha história; outros, nem tanto, e alguns perceberão que têm uma história totalmente diferente da minha. Não pretendo aqui dar aula de autismo! Deixo isso para os mestres e doutores.

A única e verdadeira intenção é compartilhar a minha história. E assim, quem sabe, poder ajudar famílias que estão passando pelo mesmo que eu passei; orientar professores e profissionais que estão percebendo a necessidade de conhecer e aprender como lidar com essas crianças e também esclarecer todos aqueles que possam se interessar pela causa.

Desejo a todos uma boa leitura!

Regiane Gonzaga

I

I

Capítulo I

UM FILHO MUITO SONHADO

DESDE MUITO MENINA eu sonhava em ser mãe! Adorava brincar com minhas bonecas e ficar imaginando como seria quando eu tivesse o meu filho nos braços.

Comecei a namorar meu esposo com 16 anos e aos 22 anos me casei. Foi um casamento simples, sem festa. Com apenas alguns meses de casados, eu comecei a pedir para meu esposo que eu queria ser mãe. Ele achava muito cedo e dizia que um filho iria limitar muito a nossa vida.

Mas eu dizia que não. Que limitaria apenas enquanto ele fosse um bebê. Que não nos impediria de nada.

Tanto insisti, que ele acabou concordando.

Então fui procurar o meu ginecologista para saber se estava tudo bem comigo. Após verificar nos exames solicitados, ele disse que eu tinha ovários policísticos[1] e que talvez precisasse de um tratamento para engravidar. Prescreveu-me vitaminas e pediu que eu retornasse depois de alguns meses.

Na época eu trabalhava como secretária paroquial e nesse local havia uma capela. Lembro que, assim que saí do consultório, fui para lá e me coloquei de joelhos diante do Santíssimo, pedindo, implorando a Deus que me desse a graça da maternidade.

Os dias foram passando e eu continuava re-

---

1. Ovários policísticos ou Síndrome de Stein-Leventhal. Trata-se de distúrbio hormonal comum nas mulheres em idade reprodutiva. Os ovários aumentam de volume, acumulando bolsas de líquido.

zando. Qualquer enjoo já era motivo pra achar que estava grávida. E quando os testes mostravam o contrário, eu ficava muito triste e intensificava as orações.

Passados apenas três meses da consulta, percebi meus seios mais inchados, um certo enjoo a alguns cheiros e alimentos. Liguei então para meu médico. Ele pediu para que eu fizesse um exame de sangue. O resultado foi negativo. Mas alguma coisa me dizia que eu receberia o meu presente.

Como eu continuasse com aqueles sintomas, fui até a farmácia e comprei um desses kits para teste de gravidez e coloquei aos pés do Santíssimo na capela.

Ao colher a urina e ver os risquinhos, não contive as lágrimas. Lá dizia que eu estava grávida.

Esperei meu marido chegar do trabalho e contei a surpresa. Mas ele achou melhor pedir outro teste de laboratório para confirmar, porque esses de farmácia poderiam não ser verdadeiros.

Então, fiz novamente o exame. E dessa vez veio a confirmação. Eu estava grávida! Deus me daria um filho de presente!

A alegria que eu sentia era visível. Estava radiante! Fazia tudo certinho e seguia todas as recomendações do médico.

Eu conversava todos os dias com meu bebê, cantava o *ofício* de Nossa Senhora diariamente, cuidava do enxoval com todo o amor e carinho. A espera foi tranquila e não tive nenhum imprevisto.

Demorei para descobrir o sexo do bebê, se menino ou menina, porque "ele se recusava a mostrar". Porém, quase no final da gestação, descobri que seria um menino.

A escolha do nome era algo que eu já trazia em meu coração desde criança. Queria que ele se chamasse Matheus, o que significa "dom, dádiva, presente de Deus". E era isso mesmo que eu sentia. Por sorte, meu marido não se opôs.

Tudo estava correndo bem e eu estava aguardando pelo parto, que eu queria fosse normal. Mas o danadinho não colaborava.

Então o médico me disse que poderíamos esperar até 13 de janeiro. E se ele não nascesse, faríamos uma cesariana[2].

O dia 13 chegou e nada de nascer. Voltei ao médico e ele disse que então teríamos que fazer a cirurgia.

Nesse dia, minha vizinha, que me acompanhava, perguntou ao médico para quando seria a cesárea. Ele disse que, se eu quisesse, poderia ser naquele mesmo dia. Que eu já seria internada.

Ela nem me deixou pensar e foi logo decidindo por mim! Falou que, se tinha que fazer, que

---

2. Cesária ou parto em cesariana. Cirurgia que substitui o parto normal, quando este pode trazer riscos para o bebê ou para a mãe. Nome deriva do latim, *caedere* (corte). Mas há quem associe nome a Júlio Cesar, líder da república romana, que teria nascido de uma cirurgia dessa natureza, retirado do ventre de sua mãe, Aurélia, após sua morte.

fizesse logo, então. Para que esperar mais? O médico me deu o encaminhamento para a internação e eu fui em casa apenas para buscar coisas pessoais e a malinha do bebê.

Antes de ir para o hospital passamos e comunicamos meu marido, que estava trabalhando.

II

Capítulo II

PRIMEIROS SINAIS

MATHEUS NASCEU POR volta das 20 horas e correu tudo bem. O momento mais marcante foi quando a enfermeira me trouxe o bebê e eu vi o seu rostinho pela primeira vez.

Nesse momento, um estranho fato ocorreu. Ele "estava azul". E comecei a perguntar para a enfermeira e para o médico o porquê. Eles riram e disseram que não tinha nada de azul nele e que eu precisava descansar.

Mas eu o via assim, azul! Dormi, sob o efeito da anestesia, e acordei só depois de algumas horas.

Antes de contar em detalhes como foi chegar até o diagnóstico, gostaria apenas de fazer um aparte sobre esse fato inusitado.

Eu realmente o tinha visto todo azul naquele momento! Algumas pessoas poderiam pensar que isso talvez fosse porque estivesse passando da hora de nascer e daí apresentar-se assim meio arroxeado.

Mas não! Ele tinha a cor azul na pele! Mas apenas eu podia ver isso. Os médicos e enfermeiras riram porque olhavam e não viam nada de diferente.

Quando mais tarde as enfermeiras o trouxeram para o quarto, para que eu o amamentasse, a cor estava normal.

No dia seguinte, o pediatra veio falar comigo, e me disse que era um bebê forte, saudável e perfeito. Mas que havia nascido com uma dobrinha na orelha. Com o tempo, aquilo sumiria, acrescentou.

Hoje eu vejo tudo isso como sinais. Pois a cor que simboliza o autismo é azul[3]. E a dobrinha na orelha, que hoje não existe mais, seria como se ele tivesse sido marcado.

Mas foi uma longa trajetória até que soubesse que o filho tão amado, sonhado e desejado era autista.

---

3. O azul é considerado a cor que simboliza o autismo porque a incidência é maior em meninos. O Dia Mundial do Autismo é 02 de abril, quando todos são convidados a vestir azul e a iluminar suas casas e locais públicos de azul, com a finalidade de fazer uma conscientização a respeito do autismo.

III

Capítulo III

COMPORTAMENTOS

MATHEUS ERA UM bebê muito calmo e sorridente. Só chorava quando estava com fome ou quando algo o incomodava.

Desde o primeiro dia eu senti que tinha algo errado. A começar que ele não pegou o meu peito.

No hospital diziam que era porque meu seio não tinha bico. Mas para mim era como se ele não soubesse o que fazer. Embora algumas amigas amamentassem seus bebês nos primeiros dias, normalmente.

Mas mesmo assim, ele recusou o meu peito e o meu leite. Então, durante um tempo, eu retirava o leite com uma bombinha e o alimentava. Até o dia em que secou.

Conforme ele ia crescendo, eu ia notando nele algumas coisas diferentes, que eu não via em outras crianças. Mas como era meu primeiro filho e o pediatra que cuidava dele, que aqui chamarei de "dr. S", dizia que tudo estava dentro do normal, que era exagero de mãe e que eu não deveria fazer comparações, então eu fui aceitando.

Matheus demorou bastante tempo para se firmar. Tínhamos sempre de segurar nas costas, porque, do contrário, ele costumava se jogar para trás. Afogava com o vento. Tinha nojo das papinhas. Não se interessava por brinquedos, chocalhos, móbiles[4]... Comia todos os bicos de chupetas e mamadeiras.

---

4. Brinquedos, de material leve, suspensos por fios, que balançam ao sabor dos ventos. Usados nos bercinhos das crianças, como meio de entretê-los.

Matheus não fazia as gracinhas que geralmente as outras crianças fazem, como, por exemplo, dar tchau, mandar beijo, bater palminhas... Não engatinhou. Ele rolava em vez de engatinhar.

Não ficava sentado sem apoio. Não ficava em pé. Não falava. Ficava olhando diretamente para as luzes e ventiladores. Não atendia quando chamado. Não estendia os bracinhos em direção das pessoas pedindo colo.

Chorava quando ouvia a música "Ave Maria" ou musiquinhas infantis. Nunca se interessou por desenhos e musiquinhas. Tinha nojo de bexigas, massinhas e outras texturas. Não suportava colocar os pés em areia, grama. E muitas outras coisas.

E eu sempre perguntava ao pediatra, "dr. S", nas consultas mensais, mas ele sempre me repreendia. Até que, um dia, quando Matheus estava com um ano e um mês, eu não aguentei mais e pedi para que ele o encaminhasse para um neurologista.

Apenas nesse dia o "dr. S" me questionou sobre alguns comportamentos que eram esperados em bebês daquela idade. E, após eu haver respondido às questões, a única coisa que ele me disse foi que o caso era realmente preocupante.

Eu fiquei indignada! Revoltei-me contra ele, porque já vinha relatando tudo isso havia meses! Como só agora vinha dizer que era preocupante?!

Saí daquele consultório e fui no mesmo dia até o consultório do "dr. LC", que foi o meu pediatra quando criança, um dos "anjos" que Deus colocou no meu caminho. Contei o ocorrido, enquanto examinava meu filho. E eu ouvi dele que, com toda a certeza, Matheus tinha algo. Ele ainda não sabia o que era, mas que iria me ajudar a descobrir.

A partir daí começaram as visitas a todos os especialistas. Ele encaminhou Matheus para diversos médicos.

Foram realizados todos os tipos de exame possível: de sangue, erros inatos do metabolismo, diferentes tipos de raios-X, tomografias, ressonâncias, eletros, mapeamento cerebral, idade óssea e outros dos quais nem me lembro o nome. Exames que foram enviados a especialistas de outras cidades. E nenhum deles acusava alguma alteração.

O primeiro neurologista que examinou meu filho não achou nada de errado com ele e até riu ao me ver tão preocupada. Disse que "era coisa da minha cabeça".

O psiquiatra que procurei em seguida falou a mesma coisa. O segundo neurologista disse que Matheus provavelmente deveria ter algo raro, mas que não era para eu mexer com isso, porque poderiam fazer do meu filho "um rato de laboratório" até encontrar a causa.

Eram muitas perguntas sem respostas. Ninguém me dava o diagnóstico. Na verdade, ninguém sabia.

Eu e meu marido sofríamos a cada consulta, principalmente quando não obtínhamos resposta. A cada exame ele sempre tinha que ser sedado. E isso nos fazia sofrer imensamente. Sofríamos com os comentários e, às vezes, até acusações disfarçadas do quanto demoramos para ir atrás.

Sofríamos e chorávamos dia após dia... Era extremamente angustiante saber que Matheus tinha alguma coisa, mas não sabíamos o que era. E pior ainda era ouvir frases como "Nossa! Ele ainda não anda?"; "Incrível! Ele ainda não fala?" Ou ainda: "Ele tem algum probleminha?"

Isso doía muito!

Enquanto isso, iniciamos fisioterapia e terapias com fonoaudióloga, psicóloga e terapeuta ocupacional. Mesmo sem saber qual a causa, ele foi estimulado desde 1 ano e 1 mês. Também o colocamos numa escolinha particular aos 2 anos e meio, porque achávamos que, se ele estivesse entre outras crianças, iria aprender, por imitação.

Ele começou a andar apenas aos 3 anos e meio, depois de muita fisioterapia. Até começou a ensaiar algumas palavras, mas, falar mesmo, isso só se deu depois dos 6 anos de idade. E, mesmo assim, com dificuldade.

Foram cinco longos anos marcados por idas aos médicos e exames. Até que, um dia, numa das reuniões da escolinha em que ele frequentava, conhecemos uma psicopedagoga. Ela tinha ido dar uma palestra sobre dificuldades de aprendizagem.

Após a palestra, decidimos procurá-la. Ela nos encaminhou para um neurologista em Ribeirão Preto, "dr. A". Tendo avaliado nosso filho, o especialista disse que desconfiava do que se tratava, mas que esperaria a confirmação do seu colega, de São Paulo.

Então lá fomos nós para a Capital! Apertamos daqui e dali e conseguimos ir à consulta.

Após avaliar nosso menino, o médico disse que não tinha dúvidas. Matheus tinha TID-SOE (Transtorno Invasivo no Desenvolvimento), sem outras especificações.

E ao ver que eu não tinha entendido do que se tratava, ele esclareceu: "Ele tem autismo".

Nunca me esqueço as orientações! Disse que pesquisas indicavam que o melhor tratamento era por meio da Análise do Comportamento Aplicada (ABA). Acrescentou que, no Brasil, esse tipo de intervenção era muito raro. Mas que era o mais eficaz no momento.

Isso foi no ano de 2009. O especialista disse que sairia mais em conta se eu optasse por receber os terapeutas em minha casa. Eles me ensinariam o procedimento. Nas sessões seguintes, eles dariam supervisão a distância. Ou, ainda, que me mudasse para São Paulo.

O médico lembrou ainda que Matheus precisaria de uma terapia intensiva e urgente. Que não podíamos perder tempo porque ele já estava com 5 anos. E até os 7 anos ele desenvolveria mais rápido. Depois dessa idade, passaria até a se desenvolver, mas lentamente.

Disse que não tinha cura para o autismo e que

ainda não sabiam qual a causa. Que teríamos de aprender a conviver com isso para o resto da vida. Mas que, se corrêssemos, conseguiríamos amenizar os sintomas.

Saímos de lá num misto de alívio e tristeza. Alívio por ter finalmente um diagnóstico; tristeza, por saber que não seria fácil ajudá-lo. Principalmente porque o tratamento era muito caro e não tínhamos condições de arcar com essa despesa.

Um sentimento de impotência nos invadiu. Sabíamos então o que ele tinha, mas não havia profissional que pudesse tratar da forma como o doutor nos havia indicado como sendo a melhor.

Pode parecer que não, mas em 2009 nem mesmo os médicos sabiam o que era autismo. Alguns até conheciam. Mas não era algo comum. Agora, imagine, então, os profissionais e professores. Eles não tinham ideia do que fazer. Mas eu tive anjos em minha vida, que usaram de toda força de vontade para ajudar da forma como podiam e sabiam. Começaram a pesquisar e estudar mais para tentar ajudar.

Passados alguns dias após termos recebido o diagnóstico, Matheus teve a primeira crise de epilepsia. Que só depois eu fui descobrir que era comum em autistas. Esse dia eu desejava apagar da memória.

Eu tinha acabado de dar banho no Matheus e ele estava na banheira. Enquanto isso eu tomava banho, com ele ali junto. Eu estava com os olhos fechados, enxaguando os cabelos; quando os abri, vi meu filho retorcido, com os olhos virados e com a boca espumando...

Pensei que estivesse brincando, mas quando o peguei em meus braços vi que estava rígido. Corri com ele em meus braços para rua, gritando por socorro, mas me dei conta de que estava sem roupa.

Gritei ainda mais forte do lado de dentro do portão. Um vizinho escutou e eu pedi que ele buscasse socorro, que chamasse a minha vizinha. Quando ela entrou, eu o coloquei em seus braços e fui me vestir. Nisso a minha casa já estava cheia de pessoas tentando ajudar. Ninguém sabia o que estava acontecendo, mas faziam de tudo para fazê-lo voltar.

Ao escutar os gritos das crianças, como se Matheus tivesse morrido, eu desmaiei na cozinha, quando voltava. E acordei com duas de minhas vizinhas me chacoalhando, porque precisavam de mim. E ele tinha voltado.

Eu não vi nada. Mas me disseram que ele tinha parado de respirar e que os lábios estavam roxos. Então num ato desesperado, meu vizinho, a quem o Matheus até hoje chama de "papai", soprou em sua boca e ele voltou.

Já tinham chamado o SAMU (Serviço de Atendimento Móvel de Urgência), mas como o resgate demorasse, minha vizinha pegou o meu carro e nos colocou dentro e correu para o hospital. Quando chegamos lá, Matheus já tinha voltado e estava apenas sonolento.

Como nunca tinha acontecido, o pediatra pediu para que passássemos a noite lá no hospital, por precaução. Mas como estava tudo bem, no dia seguinte voltamos para casa.

Quando pensei que estivesse tudo resolvido, uma semana após, ele teve mais uma crise e também tomando banho. Mas dessa vez meu marido estava em casa e ajudou.

Voltamos para o hospital, mas eles disseram que não podiam fazer nada. Que o menino estava bem. Eu liguei na mesma hora para o neurologista de Ribeirão e ele nos pediu para ir até lá.

Assim que chegamos, fomos levados a uma sala para um mapeamento cerebral. E só depois ele conversou conosco e nos explicou que Matheus tinha tido uma crise de epilepsia e que precisaria tomar remédio a partir de então.

Passei alguns meses em pânico. Não ficava sozinha com ele; não dava mais banho e só chorava.

Até hoje, com 15 anos, ele ainda toma a medicação. Depois disso, ele teve apenas mais três ou quatro crises. Então podemos dizer que está sob controle.

Nessa mesma época, a diretora da Escolinha me chamou para conversar, dizendo que infelizmente eles não tinham preparo para lidar com a dificuldade e o problema do Matheus. Que jamais pediriam para eu tirá-lo de lá, principalmente porque já tinham se afeiçoado a ele, mas que achavam que ele se desenvolveria melhor se fosse para a APAE[5]. Porque lá os profissionais saberiam a melhor maneira de tratar e conduzi-lo.

Eu não queria de jeito nenhum! Chorava só em pensar nessa hipótese! Como fui preconceituosa! Mas mesmo contrariada, procurei a APAE e, após uma avaliação, eles realizaram a matrícula.

---

5. Associação de Pais e Amigos dos Excepcionais.

No primeiro dia de aula, eu fui levá-lo e senti uma imensa vontade de chorar quando entrei portão adentro. Meu filho... meu bebê... Mas enquanto aguardávamos, aconteceu algo que me fez repensar. Matheus levantou-se do banco e começou a correr com os bracinhos abertos, como se fosse um passarinho a voar. O sorriso estava estampado em seu rosto. E só então eu me dei conta do quanto estava agindo com preconceito e que, lá, talvez, fosse realmente o melhor lugar para ele.

Passados dez anos, eu posso dizer que foi a melhor decisão que eu tomei. A APAE é a segunda casa dele. Lá ele fez amigos e é feliz! Quanto a mim, eu não sei como eu estaria se não fosse a ajuda deles.

Quando o Matheus começou a frequentar a APAE, eu estava num momento que eu chamava de luto. Eu não conseguia aceitar e fui me entregando a um processo de depressão. Eu estava naquele momento "Por que eu, Deus?", "O que eu fiz de errado?!", "Ele foi um bebê tão desejado!", "Por que eu não soube disso antes?!"

Esses questionamentos estavam o tempo todo em minha mente. Você, com toda a certeza, se é mãe ou pai de alguém com autismo, já fez esse questionamento.

Eu me afastei de Deus, me afastei das pessoas e queria pensar que era apenas um pesadelo e que logo eu acordaria. Vivi com certeza os piores dias da minha vida. Até eu ser convidada a participar de um grupo de pais lá na APAE mesmo. Não apenas pais de autistas, mas também pais de crianças especiais que lá estudavam.

Foi nesse grupo, conduzido por psicólogas, que eu consegui vencer e sair do luto para ir à luta. Foram necessárias muitas lágrimas!

Eu aprendi a me conhecer melhor. A perceber os meus limites. Foi lá que eu chorei a minha dor. Que falei da minha revolta. Que eu cresci e amadureci, ganhando forças para me levantar.

Nesse período fui incentivada a voltar a estudar e até mesmo trabalhar! A pensar em mim como pessoa e como mulher. Não apenas como mãe. Que a vida continuava. E que se ela tinha me dado limões, que eu aprendesse então a fazer, com eles, uma limonada!

Aprendi que eu não era a única nessa situação. E que existiam situações bem piores do que as que eu vivia. Então, que eu deveria parar de me fazer de vítima e mudar essa atitude. Em benefício do Matheus. Pois chorar e lamentar não o ajudaria em nada. Muito pelo contrário, atrasaria todo o processo.

E então começou uma outra fase da minha vida com o autismo!

Quanto ao pai de Matheus, bem, para ele foi bem mais difícil. Ele não conseguia aceitar. Culpava e brigava com Deus o tempo todo. A revolta tomou conta dele. A não aceitação fazia ele acreditar que esse autismo seria como uma doença, que, após o tratamento, ele estaria curado e teria uma vida normal como outra pessoa qualquer.

Enquanto eu me refazia, ia tentando trazê-lo para a realidade e mostrando que seria mais fácil se ele aceitasse.

Um dia, numa das consultas com o neurologista, ele começou a falar e foi deixando transparecer essa ideia. O doutor ouviu tudo atentamente. Em seguida, explicou ao meu marido que talvez ele não tivesse entendido direito ainda o que era autismo.

Disse-lhe então claramente que aquele quadro seria para toda a vida da criança. Que a criança poderia evoluir, atenuando o quadro geral, mas que Matheus não ficaria curado, porque o autismo não é uma doença que vem e vai. Não. O autismo não tem cura.

Depois dessas palavras do médico, meu marido foi-se conformando com a ideia. E, mesmo triste, começou a aceitar.

Nós tivemos vários momentos de crise dentro do nosso casamento. Momentos que achamos que não conseguiríamos superar. Mas continuamos juntos. Um ajudando ao outro! Ele foi a pessoa que mais me ajudou nessa luta com Matheus.

Meu esposo, Carlinhos, foi forte quando eu estava fraca! Tinha sangue frio quando isso se fazia necessário, mas jamais perdeu a doçura, cercando Matheus de amor e carinho. Mesmo não aceitando totalmente, ele lutou e ainda luta pelo filho com todas as suas forças.

Entre mim e meu esposo, Matheus preferia o pai. Era com o pai que ele queria ficar, com quem ele queria dormir, passear e muitas outras coisas. Ele sempre se sentiu mais seguro com o pai. E isso sempre me trouxe uma enorme sensação de paz.

Mas agora eu vou começar a narrar o que eu chamo de "sair do luto e ir à luta".

IV

VI

Capítulo IV

Saindo do luto

Quando eu finalmente consegui sair do luto em que me encontrava, criei coragem e comecei a fazer algo que era meu sonho desde criança: estudar Pedagogia! Eu sempre quis ser professora! Adorava brincar de escolinha e ajudar meus amigos na escola. E pensei que, se estudasse Pedagogia, talvez eu conseguisse ajudar Matheus na parte escolar.

Fui uma aluna dedicada. Entreguei-me de corpo e alma aos estudos. Isso fez com que me sentisse viva novamente.

Paralelamente a isso, comecei a frequentar cursos sobre autismo para tentar entender melhor esse universo. Conheci muitas pessoas que hoje são referências no assunto. E um dos primeiros cursos que fiz foi sobre o Teacch[6], em Pirassununga, com uma das maiores especialistas.

Depois desse, vieram muitos outros. E o tempo que tinha disponível aproveitava em pesquisas na Internet, lendo livros, vendo vídeos e tudo o que me trouxesse mais conhecimento.

Depois de quatro anos, quando já estava terminando o curso de Pedagogia, senti que não era suficiente. Precisava de mais!

Então, por meio de uma amiga, descobri que a Universidade Federal de São Carlos (UFSCar) estava iniciando um curso de especialização em ABA (Análise do Comportamento Aplicada), a intervenção que o médico de São Paulo havia falado desde o início.

---

6. Tratamento e Educação para Autistas e Crianças com Déficits Relacionados com a Comunicação.

Esperei que fosse concluído o curso de Pedagogia e então ingressei nessa especialização, uma espécie de Pós-graduação.

Foram mais dois anos! Posso dizer que não foram fáceis. Muitas vezes pensei em desistir. Mas me mantive firme e forte até o final.

Terminada a pós-graduação, ainda não estava totalmente satisfeita. E assim ingressei noutro curso. Dessa vez Psicopedagogia Clínica e Institucional. Eu achava que era preciso conhecer melhor a forma como a criança aprende para que eu pudesse realmente fazer algo. Ao mesmo tempo, iniciei pós-graduação em autismo também.

Em oito anos, já tinha uma graduação (Pedagogia) e três pós-graduações: ABA, Psicopedagogia e Autismo. E não parei mais! Estudar trouxe um novo ânimo para minha vida.

Tudo isso fez com que eu aprendesse muito sobre autismo, e assim eu pude (e posso ainda) ajudar as famílias, quando recebiam o diagnóstico; as professoras, que vinham me perguntar como deveriam agir com seus alunos autistas. Comecei a fazer palestras aos pais e profissionais que lidavam com autismo, contribuindo ainda em outras frentes.

Trabalhei com autistas, aplicando, com outras crianças, tudo o que eu havia aprendido em anos de estudos, por apenas seis meses na cidade de Araraquara. Esse foi um momento curto, mas muito importante na minha vida, no qual eu consegui me sentir realizada pessoalmente e profissionalmente.

Aprendi na prática e com o convívio com outras crianças e profissionais que me ajudaram a crescer e me aperfeiçoar a cada dia. E também onde construí amizades que guardarei para sempre no meu coração.

Mas precisei parar. E isso trouxe grande tristeza ao meu coração. Naquele momento a distância começou a pesar, pois eu tinha que viajar todos os dias para o trabalho. Isso envolvia a todos de casa, pois, como eu não dirigia na pista,

Carlinhos tinha que me levar e buscar. E com ele Matheus ia junto. Indiretamente, eu estava sacrificando o bem-estar do meu filho, por conta de um desejo meu de realização profissional.

Também tínhamos uma mercearia e meu esposo já não estava mais conseguindo se fazer tão presente lá, por conta de me levar e me buscar e ainda ter que cuidar do Matheus. E isso começou a nos causar problemas. E nós não podíamos correr o risco de perder o nosso meio de sustento.

Colocando tudo na balança, chegamos à conclusão de que o melhor seria eu parar de trabalhar. Foi muito difícil para mim, pois eu amava o que fazia.

Eu não sei o que Deus me reserva. A única certeza que tenho é de que tudo valeu a pena! Tudo contribuiu para o meu aprendizado e crescimento. Então eu serei eternamente grata a Deus por essa oportunidade que me foi concedida como presente.

Estudo, trabalho, exatamente tudo o que

pude viver e aprender não teria sido possível se eu não tivesse tido o apoio do meu esposo, Carlinhos. Quando eu ainda estudava, era ele quem ficava com o Matheus para que eu pudesse ir às aulas, cursos e palestras.

    E quando eu comecei a trabalhar, Carlinhos, além de me levar e buscar no serviço, que era em outra cidade, cuidava do Matheus e da casa enquanto eu estava fora. Era ele quem saía com nosso filho em época de provas e trabalhos, principalmente quando tive de escrever meu Trabalho de Conclusão de Curso. Carlinhos o levava para um passeio, e assim eu podia concentrar a atenção no trabalho. Era ele quem me levava e me buscava e que também me acompanhava nas viagens. E quando não podia, ficava em casa cuidando de tudo. Era e é assim até hoje!

    Mas o ponto que eu gostaria de destacar aqui é que, sem o apoio fundamental do meu esposo, eu não teria conseguido absolutamente nada por minhas próprias forças. Eu precisei de ajuda! Eu precisei de terapia! Eu precisei que cuidassem de mim também! Para que eu fosse capaz de me reerguer e prosseguir no meu caminho.

Infelizmente, a maior parte das famílias que convive com o autismo não consegue aceitar o fato. E muitas acreditam que não precisam de terapia e que conseguirão superar por si mesmas.

Mas a ajuda profissional, orientação psicológica, grupos de apoio, tudo isso torna o processo de aceitação menos difícil e doloroso.

Eu tentei criar um Grupo de Apoio aos pais que passavam pela mesma situação que eu, já que muitos deles me procuravam buscando orientação, uma palavra de incentivo ou até mesmo para chorar e compartilhar suas dores.

Sempre gostei muito de acolher as famílias que chegavam até mim. Porque eu sabia o quanto era difícil receber esse diagnóstico e não ter com quem conversar e não saber por onde começar.

Foi então que tive a ideia de criar um grupo no *WhatsApp*, onde o meu único objetivo era o de acolher, orientar e oferecer um espaço onde os pais pudessem compartilhar as suas dores e as suas vitórias. Mas com o tempo o grupo cresceu, surgiram outras necessidades e outros objetivos, e a partir de então buscaram-se outros caminhos.

Não é vergonhoso ao familiar de um autista reconhecer que precisa de ajuda! Procurar um psicólogo ou psiquiatra não é sinal de fraqueza. Ao contrário, mostra o quanto a pessoa tem consciência de suas limitações e deseja sair da situação de desespero em que se encontra. É o início do processo de cura!

Eu não sei se você, que lê este livro, está passando por uma situação dessas. Se estiver, tenha coragem! Procure por ajuda, Não sofra sozinho! Você verá, no final, que toda essa dor foi necessária para o seu amadurecimento e crescimento! Você sairá disso tudo muito mais forte! Vai se assustar com o tamanho de sua força e coragem! Você é especial!

Não digo que depois só serão flores e rosas pelo caminho, porque eu estaria mentindo. Haverá ainda muitos momentos de desespero e desânimo. Mas você sairá muito mais rápido. Acredite!

Quando era criança, li o livro *Pollyanna*, um romance de Eleanor H. Porter, publicado em 1913. E nesse livro a personagem ensinava o "jogo do contente". Que nada mais era do que procurar extrair algo de bom e positivo em tudo, mesmo nas coisas mais desagradáveis.

E nos meus momentos de desânimo e desespero mais profundos, eu procuro fazer o que aprendi nesse livro. Que nada mais é do que olhar ao redor e ver que existem situações bem piores e assim aprender a tirar algo de bom de tudo o que nos parece ruim.

Isso consola e conforta! Não é fácil! Só quem viveu isso na pele é que sabe. Mas também não é uma sentença de morte!

Também temos tantos momentos de alegria! Cada conquista é sempre uma grande vitória!

Essas crianças nos ensinam tanto a cada dia! Eu pelo menos aprendo muito com Matheus.

A simplicidade, a sinceridade... Eles, os autistas, têm um jeito diferente de ver o mundo e a vida. Por não terem aquilo que chamamos de "verniz social", eles dizem o que pensam e agem da forma como acreditam ser o jeito certo.

Se eles gostam, gostam. Mas quando não gostam, não tem jeito! Neles a falsidade não tem morada. Eles têm dificuldade para entender as regras sociais porque algumas delas para eles não fazem sentido. Mas precisamos ensiná-los porque é o que a nossa sociedade exige. E isso é muito difícil para eles.

Faça o exercício de se colocar no lugar dessas crianças. Imagine-se preso dentro de um corpo que você não tem controle. Imagine você querendo ou precisando de algo e não conseguir expressar o seu desejo e os seus sentimentos. Imagine como é sentir-se incompreendido. Imagine também como você se sentiria se fosse deixado de lado ou se fosse motivo de piada para os outros. Como seria se te obrigassem a fazer coisas que você não quer, que você não gosta.

Agora pense também como você se sentiria se estivesse num local onde as luzes machucassem os seus olhos, onde o barulho te parecesse ensurdecedor, onde o aglomerado de pessoas te causasse pânico ou falta de ar, onde ninguém te entendesse.

Já imaginou como se sentiria?

A maior parte dessas crianças se sente assim. É por isso que elas precisam da nossa atenção, do nosso apoio, do nosso amor e da nossa compreensão. Para que não tornemos isso ainda mais difícil para elas.

V

V

Capítulo V

Convivendo com o TEA

—◄•❦•────•❦•►—

Neste capítulo, quero falar um pouquinho sobre os sintomas e tratamentos para o autismo.

Você saberia reconhecer os sintomas e características? O que você sabe sobre o autismo?

O que caracteriza o autista é que eles possuem algumas falhas na área da comunicação, da interação social e do comportamento. Os sinais podem aparecer já nos primeiros meses de vida.

Os principais sinais de alerta são:

- Algumas crianças não mantêm contato visual ou não olham nos olhos de outra pessoa por mais de dois segundos.
- Algumas crianças demoram a falar ou apresentam fala descontextualizada e sem função. Também têm aquelas que apresentam ecolalia, onde ficam repetindo frases e palavras em momentos inadequados.
- Algumas crianças demoram para andar ou costumam andar pisando com a ponta dos pés.
- Algumas crianças apresentam seletividade alimentar.
- Algumas crianças gostam de alinhar objetos, muitas vezes classificando-os por cor, tamanho ou categoria.
- Algumas crianças não atendem quando chamadas pelo nome.
- Algumas crianças preferem o isolamento, não se interessando por outras crianças.
- Algumas crianças não sabem brincar da forma convencional. Exemplo: em vez de empurrar o carrinho, preferem fazer rodar as rodinhas do brinquedo.

- Algumas crianças não conseguem compartilhar interesses e atenção. Por exemplo: quando apontamos algo, elas não olham para o objeto ao qual chamamos a atenção.
- Algumas crianças sentem necessidade de manter sempre a mesma rotina.
- Algumas crianças também apresentam movimentos repetitivos com as mãos ou com o corpo.
- Algumas crianças podem ter fixação em girar objetos ou em ficar observando objetos que giram, como ventiladores, por exemplo.
- Algumas crianças podem apresentar interesses restritos por determinados assuntos, como, dinossauros, carros, personagens e outros.
- Algumas crianças não sabem imitar. Quando você a ensina mandar beijo, dar tchau, bater palminha, ela não realiza a mesma ação.
- Algumas crianças podem não entender pensamentos abstratos e brincadeiras de faz-de-conta e também podem ter dificuldades em reagir às emoções de outras pessoas, parecendo totalmente indiferentes.
- Algumas crianças podem parecer insensíveis à dor, ao calor e ao frio.

E por que eu repeti tanto esse início de frase "algumas crianças"? Porque elas apresentam características diferentes umas das outras. Pode ser que tenham todos esses sinais ou não. Pode ser que tenham apenas um ou outro.

Os autistas não são todos iguais! Eles possuem características diferentes. Não podemos rotulá-los.

Eu sempre ouvi que o autista não gosta de olhar nos olhos, que vivem em seu mundinho, que preferem o isolamento, que não gostam de ser abraçados e muitas outras coisas.

Mas só aqui em casa, eu já seria capaz de desmentir tudo isso! O Matheus adora pessoas! Ele é apaixonado por pessoas! Gosta de cumprimentar, de estar junto, de conversar (do jeito dele é claro).

Ele adora beijos e abraços. Detesta ficar sozinho. Chama a minha atenção o tempo todo. Quando ele está falando algo e eu não estou prestando atenção, ele se coloca na direção dos meus olhos e puxa o meu rosto para eu olhar pra ele. Então podemos concluir que cada um é de um jeito.

Não faz muito tempo eu ouvi que os autistas são pessoas superinteligentes e que possuem altas habilidades, que são gênios. Realmente, alguns possuem altas habilidades com cálculos, música e muitas outras coisas.

Mas existem aqueles, e não são poucos, que não sabem nem ao menos fazer a própria higiene sozinhos. Que não conseguem se alimentar sozinhos. Que não possuem nem as habilidades básicas necessárias a qualquer indivíduo.

O que cada um faz, ou não, é característica própria dele e vai depender do quanto ele foi estimulado, de quando começou o tratamento, entre muitos outros fatores. Não tem como querer generalizar! Porque cada um tem a sua própria individualidade. E é preciso respeitar isso!

Quando eu recebi o diagnóstico do Matheus, eu me senti muito perdida. O médico de São

Paulo tinha apontado um caminho dizendo o que era o ideal, mas nós não tínhamos condições. Era tudo muito caro!

Então optamos por oferecer o melhor dentro daquilo que podíamos. Então passou por terapeuta ocupacional, fisioterapeuta, por psicopedagoga, psicóloga e fonoaudióloga, frequentava a APAE, e ainda recebeu sessões de cinoterapia (afeto e companhia dos cães) e de equoterapia (montando cavalos), fez muita atividade física, hidroterapia. Durante um tempo fez natação. Enfim, nós não ficamos parados!

Mas num passado, não muito distante, conhecer o autismo já era algo raro. Oferecer tratamentos mais direcionados era, então, tudo muito novo ainda. Cada um dava o seu melhor com as ferramentas que tinha e que conhecia.

Hoje o que não falta é discussão a respeito do melhor tratamento, sobre quais trazem melhores resultados. E alguns até prometem a cura.

O que sabemos até agora é que os pesquisadores estão no caminho para descobrir as causas. Mas ainda não há nada comprovado cientificamente. Quanto à cura, essa ainda não existe! Principalmente porque o autismo não é visto como uma doença.

O tratamento do autismo deve ser feito por uma equipe multidisciplinar, unindo as competências de vários profissionais, como: médico, psicólogo, fonoaudiólogo, terapeuta ocupacional, fisioterapeuta e/ou educador físico.

Não existe tratamento padrão que possa ser utilizado. Cada indivíduo exige acompanhamento individual, de acordo com suas necessidades.

Podemos citar entre os tratamentos mais adequados e específicos ao autismo: Análise do Comportamento Aplicada (ABA); Pecs, que é um sistema de comunicação através de figuras; Teacch e outros.

No livro *Autismo e inclusão*, de Eugênio Cunha (2009), o autor explica de maneira clara e objetiva o que são essas ferramentas — ABA, Pecs e Teacch.

Eugênio Cunha assevera que o ABA provém do campo científico do *behaviorismo* e seu objetivo é observar, analisar e explicar a associação entre o ambiente, o comportamento humano e a aprendizagem. Visa ensinar habilidades, que a criança ainda não possui, por meio de etapas cuidadosamente registradas.

É apresentada uma habilidade seguida de uma instrução ou dica. Quando necessário, é dado apoio para obter-se a resposta. Esse apoio é retirado gradativamente para possibilitar a autonomia. A resposta adequada é sempre reforçada por algo que a criança goste. Uma característica da ABA é a repetição e o registro de todas as tentativas e resultados.

Já o Pecs é utilizado nos casos de autistas com baixa eficiência de comunicação. Utiliza cartões com imagens. Procura estimular a criança, fazendo com que ela entenda que, através das figuras, pode conseguir mais rapidamente as coisas que deseja, tomando por base que essas crianças possuem uma melhor memória visual. Seu objetivo é favorecer a independência do indivíduo.

O Teacch baseia-se na organização do ambiente físico por meio de rotinas organizadas em quadros, painéis ou agendas. Seu principal objetivo é desenvolver a independência do indivíduo, adaptando o ambiente para que ele consiga compreender o que se espera dele. Utiliza-se de avaliações, considerando os pontos fortes e as dificuldades. Dessa forma desenvolve um programa individualizado[7].

Quanto ao melhor, bem, isto vai depender de uma porção de fatores. Cada um tende a puxar a sardinha para o seu lado. Mas tem uma coisa que precisa ser levada em consideração: cada pessoa (com autismo ou não) é diferente uma da outra. O que dá certo pra um, pode não dar certo para o outro. O que é bom para um, pode não ser para o outro.

---

7. *Autismo e inclusão,* Eugênio Cunha, 2009.

Eu não quero iniciar nenhuma discussão sobre o "melhor" tratamento. Mas mostrar as possibilidades de intervenção. Coloco neste livro minha opinião, que pode ser diferente da opinião dos meus outros colegas. Nem certa e nem errada! Apenas diferente! Apenas minha opinião. Pois é nisso que eu acredito!

A primeira pergunta que deve ser feita é: O que essa criança precisa aprender?

Por isso é importante uma avaliação bem detalhada. Para poder identificar o que ela sabe fazer e o que será preciso ensinar a ela.

Só depois é que será preciso perguntar como será feito o ensino. Quais métodos utilizar. É o segundo questionamento: Como será que essa criança aprende?

E o mais importante: começar o quanto antes! A intervenção precoce irá fazer toda a diferença, pois, quanto mais cedo for iniciado o processo, mais chances existem para que se diminuam os sintomas do autismo.

Outro ponto muito importante é iniciar sempre do mais básico, para só então avançar.

Não adianta querer ensinar a criança a ler e escrever se ela não sabe nem ao menos ficar sentada na cadeira, se ela não atende quando chamada ou se ela não sabe imitar. Porque todas essas coisas, que parecem insignificantes, são pré-requisitos para a aquisição de outras habilidades.

Então, é de primordial importância o ensino das habilidades básicas para, só depois, aprenderem habilidades mais complexas. Sempre um passo de cada vez!

VI

IV

Capítulo VI

Dúvidas comuns

◆❤❥ 🧩 ❤❥➤

Quando eu recebi o diagnóstico do Matheus, eu tinha muitas dúvidas quanto ao futuro dele. Mas aquela época não era como hoje, em que se dispõe de tantas informações na internet e pelos demais meios de comunicação.

Por mais que eu pesquisasse sobre o assunto, tudo o que eu encontrava estava em inglês. Nem mesmo os médicos sabiam direito sobre autismo. Imagina uma pessoa leiga!

Hoje, se você procurar, no Google, digitando

a palavra "autismo", encontrará infinitos textos, livros, vídeos, mas naquela época não era assim. Foi preciso aprender tentando, errando, recomeçando. Hoje temos pelo menos sugestões de caminhos. O que já é uma grande conquista!

Muitas vezes famílias vieram me procurar para saber sobre os direitos que seus filhos tinham.

Não sou advogada e não pretendo aqui criar um capítulo falando das leis e direitos dos autistas. Mas é importante que você saiba que o autista, pela Lei, tem os mesmos direitos que uma pessoa com deficiência.

E é importante que você saiba também que a Lei nº 12.764/2012, conhecida como Lei Berenice Piana, instituiu a Política Nacional de Proteção dos Direitos da Pessoa com Transtornos do Espectro Autista. Mas infelizmente ainda é algo que temos visto apenas no papel. A grande maioria das famílias precisa recorrer à justiça para que seus filhos tenham defendidos os seus direitos garantidos por essas leis.

Uma das principais queixas que os pais relatam está na área da aprendizagem. Hoje, pela lei da Inclusão Escolar, as escolas não podem negar matrícula a crianças dentro do espectro autista ou com algum outro tipo de deficiência. Caso isso ocorra, a escola pode inclusive ser multada e até mesmo fechada.

Então, o que vemos acontecer é as escolas acolherem essas crianças, mas sem que os professores e demais profissionais estejam preparados para isso.

Segundo a Lei, além de incluir a criança na rede regular de ensino, é preciso oferecer, caso seja comprovada a necessidade, um acompanhante especializado. Mas o que vemos, ainda hoje, são estagiários ocupando esses lugares. O que faz com que se atrase ainda mais o seu desenvolvimento.

Para que a inclusão de fato ocorra é preciso antes de qualquer coisa, capacitar os profissionais que terão que lidar com isso, oferecendo cursos e treinamentos. Também é preciso adaptar o ambiente e o conteúdo escolar para que essa criança seja capaz de aprender.

O Teacch, por exemplo, é uma ferramenta de fundamental importância para as escolas, porque trabalha com o concreto, com as rotinas e dicas visuais e com adaptação do currículo escolar. E hoje já sabemos que o autista aprende mais pelo concreto e visual. Então uma das ferramentas que a escola poderia incluir seria o Teacch.

Também é preciso pensar nas outras crianças, fazendo um trabalho de conscientização a respeito das diferenças, para que não ocorra discriminação e *bullying*.

Um jeito prático de evitar isso é fazer com que as crianças se sintam parte do processo. Que sejam colaboradoras! Os professores podem delegar algumas tarefas para que realizem em favor da criança. Além de estabelecer vínculo, elas irão perceber que podem ajudar, e isso facilitará muito na sala de aula.

Numa sala com muitos alunos, o professor muitas vezes se vê dividido entre aplicar o conteúdo e dedicar-se mais àquela criança com dificuldades. É por isso que o acompanhante especializado ajudaria muito!

O professor poderia adaptar o material; afinal de contas, isso é da responsabilidade do professor, mas o acompanhante poderia auxiliar na aplicação da atividade. Assim, o professor teria mais condições de se dedicar ao restante da turma, não deixando de dar atenção a essa criança também, obviamente.

No meu caso, Matheus não foi para a rede regular de ensino; ele foi para a APAE. Como eu disse, na época do diagnóstico dele, tudo era ainda novo. E por mais que os professores e as escolas tivessem boa vontade, eles não tinham o preparo para lidar com a situação.

Ainda hoje muitas famílias procuram a APAE. Principalmente quando essas crianças não conseguem se desenvolver na rede regular de ensino. Mas é preciso antes uma avaliação para comprovar a real necessidade.

Eu penso que já existe um movimento a respeito da inclusão de autistas. Hoje, quando eu participo de cursos, palestras, eu percebo um grande número de professores realmente interessados em aprender. Muitos me procuram quando recebem alunos com autismo para saber por onde devem ir. Eles querem ajudar! E para isso têm buscado as ferramentas necessárias. Só esse interesse já é um grande passo. Penso que estamos no caminho certo!

Outras dúvidas sobre os direitos também são sempre muito frequentes, além da inclusão escolar.

Sabemos que o autista tem direito à vaga preferencial, a descontos na compra de carro, isenção de IPVA, transporte coletivo (passe livre), atendimento prioritário, serviços de saúde, medicamentos e ao BPC (Benefício da Prestação Continuada), mas esses e outros direitos ainda são muito burocráticos.

É preciso que a família busque por orientação de um profissional especializado e tenha muita paciência e persistência. As leis já existem! E isso também já é uma grande conquista! Agora cabe a nós exigir aquilo que já é de direito.

VII

IV

Capítulo VII

O AUTISMO QUE NEM TODOS CONHECEM

―――⟨♥▰♥⟩―――

UMA COISA QUE sempre me incomodou foi a forma como a mídia começou a divulgar o autismo. As novelas e programas de TV mostravam apenas o lado bonito do autismo. Isto é, as histórias de superação, vamos assim dizer.

Porém, algumas dessas histórias eram um tanto fantasiosas. E isso acabou criando uma ideia de que os autistas eram gênios e pessoas extremamente habilidosas e ponto.

Uma vez eu cheguei a ouvir de uma pessoa que o sonho dela era ter um filho autista. Porque os autistas eram extremamente inteligentes e com altas habilidades. Que ele se sentiria abençoado se recebesse de Deus um presente assim.

Eu apenas ouvi e nada respondi àquela pessoa, que obviamente não sabia o que estava falando. Mal sabia ela o quanto nós ficamos esgotados, às vezes! O quanto para nós é cansativo ter que lidar com uma birra, sermos forçados a viver dentro de uma rotina, ter que pensar mil vezes antes de realizar um passeio, ficar ouvindo milhares de vezes a mesma coisa... O quanto dói vê-los sendo discriminados, rejeitados e até mesmo ridicularizados... O quanto dói vê-los não sabendo como agir, como se expressar, como se comportar numa sociedade cheia de preconceitos... O quanto é duro ter que ficar brigando pelos seus direitos... O quanto gastamos, muitas vezes sem poder, para oferecer-lhes um tratamento adequado, os remédios necessários, enfim...

Essa pessoa, seguramente, não sabia o que estava dizendo. Quantas lágrimas derramadas! Quanto cansaço físico, mental e espiritual!

Existem, sim, os autistas que conseguem desenvolver altas habilidades. Que são gênios da matemática, da música, da dança, do esporte e muitas outras. Existem, sim, aqueles casos mais leves que conseguem estudar, formar-se, trabalhar e até constituir família. Mas a grande maioria não tem sequer as habilidades básicas necessárias para uma vida dita "normal". Que são extremamente dependentes!

Algumas crianças não conseguem sequer fazer as próprias necessidades no banheiro. Usam fraldas! Ou então fazem na roupa. Ouvi vários relatos de mães desesperadas que diziam que seus filhos, além de não aprenderem a usar o banheiro, muitas vezes faziam cocô e passavam nas paredes, sofá... E alguns que chegavam até a comer as próprias fezes.

Têm aquelas, e não são poucas, que apresentam uma grande restrição alimentar. Comem apenas um determinado tipo de alimento, que seja de determinada cor, textura ou cheiro. Algumas até não aceitam alimento algum.

Na maioria dos casos, o autismo vem junto com outras comorbidades, como epilepsia, TDAH, transtorno de ansiedade, déficit intelectual ou retardo mental e outras.

Existem alguns casos de agressividade (comportamentos lesivos e autolesivos), de automutilação, de depressão e tantos outros que a mídia não mostra.

Você já viu um autista em crise? Posso assegurar que é uma cena muito triste!

Eles têm muita dificuldade para aceitar o "não". Não aceitam que o contrariem ou que algo não saia como o planejado. E muitas vezes, por não saberem como se comunicar e manifestar os seus desejos e sentimentos, se sentem frustrados e acabam se engajando em inúmeros comportamentos inadequados.

Por exemplo: quando Matheus quer muito alguma coisa, mas nós não temos condições de fazer ou dar a ele no momento em que ele quer, ele começa a chorar, a dar murros na própria cabeça ou então a bater com ela na parede, portão, carro, também bate forte com o braço contra as coisas, se joga no chão, chuta tudo o que vê pela frente, atira objetos, tira a própria roupa, tenta me agredir.

E não pensem que as crises são por pouco tempo. Por várias vezes ficou mais de uma hora descontrolado. E não há nada que a gente fale ou faça que consegue acalmá-lo. Dependendo da situação, nós o ignoramos (desde que não ofereça riscos para ele ou para outras pessoas) e saímos de perto. Ou, então, fazemos a contenção para que ele não se machuque. E algumas vezes choramos juntos!

Depois que tudo passou, e ele finalmente se acalma, é como se nada tivesse acontecido. É como se ele não se lembrasse do que fez. Essa é a impressão que fica. Ele nos procura, abraça e continua exatamente de onde ele tinha parado.

Ele perde totalmente o controle de si próprio. Nas últimas crises, ele começou a bater com a cabeça contra o vidro do carro ou contra o próprio veículo. E nós não entendemos como ele pode fazer isso consigo mesmo.

O nosso carro está todo amassado por conta das cabeçadas e chutes que ele dá. Ainda não sei como não quebrou nenhum dos vidros.

Aí você pode estar se perguntando como eu permito que ele faça isso. O que eu posso dizer é que é sempre tudo muito rápido e às vezes não dá tempo de contê-lo. Às vezes eu não estou próxima dele quando acontece.

Nesses momentos sempre têm aqueles que nos criticam, que dão palpites ou até mesmo aqueles que sentem pena. Mas uma coisa é fato: só quem passa por isso e convive com o autismo 24 horas por dia sabe realmente como é.

Às vezes um simples passeio acaba se tornando um imenso desafio. Nós passamos por isso até hoje! Ele ama passear de carro! Mas dependendo do lugar que vamos, temos problemas com as crises. Muitas vezes ainda dentro do carro!

Para nós é como se ele fizesse um mapa mental que nós não conseguimos ter acesso. Nesse mapa ele idealiza as ruas que devemos passar e os lugares onde devemos ir.

Se nos desviamos daquilo que ele idealizou, dentro do carro mesmo, ele já começa a chorar, a se bater e a bater com a cabeça muito fortemente contra o vidro do carro! Já teve vezes em que eu estava dirigindo e ele, em crise, começou a me bater, a puxar o meu cinto de segurança, puxar meu cabelo...

E quantas vezes eu precisei parar o carro para evitar um acidente! Isso sem falar que ele ama passear, mas odeia voltar para casa. Então quase todas as vezes que ele percebe que estamos voltando para casa, já é motivo para entrar em crise!

Uma vez, tínhamos ido até a casa do meu pai,

numa cidade próxima. Quando ele percebeu que estávamos vindo embora, ele entrou em crise. Ele estava no banco de trás sozinho e eu e meu esposo na frente! Ele veio o trajeto todo chorando e se batendo.

Era noite. Eu tentei de todas as formas segurar as mãos dele para ele não se bater, mas ele batia com a cabeça no vidro ou no banco do carro. Isso tudo com o carro na pista e em movimento.

Quando chegamos em casa, eu notei um machucado na cabeça dele. Isso partiu o meu coração! Ele perdeu totalmente o controle de si próprio a ponto de se machucar. Sem falar que poderíamos ter sofrido um acidente.

Quando Matheus era menor e nós íamos a um local no qual não se sentia à vontade e por isso entrava em crise, nós simplesmente o pegávamos no colo e saíamos do local.

Mas o tempo foi passando, ele foi crescendo. E isso começou a se tornar mais difícil. Hoje não conseguimos mais pegar ele no colo e sair do lugar. Então precisamos sempre pensar muito antes de ir a um passeio. Tentamos conhecer o lugar antes, saber o que tem lá, se existe algo que poderia fazer desencadear uma crise. Verificamos tudo o que conseguimos identificar como um possível motivo desencadeador de uma crise.

Mas nem tudo dá para prevenir. É nos imprevistos que acontecem as crises. E então nós precisamos pensar rapidamente em alguma alternativa. Muitas vezes não há nada que possamos fazer!

Vou detalhar em exemplos para que você consiga entender o que estou falando.

Quando Matheus era pequeno e ainda estudava na escolinha particular, ele foi em excursão para o zoológico e, segundo a professora, embora ele tivesse ficado meio cismado no meio de todos aqueles animais, ele curtiu o passeio. Então, um tempo depois, decidimos voltar lá com ele. Mas ele teve uma crise de pânico e não conseguia nem se mover.

Foi muito sofrido para ele. Mas pensamos que tivesse sido algo daquele dia. Pois, afinal, ele já tinha estado lá antes e tinha gostado. Passado um tempo, eu estava fazendo um curso em São Carlos e meu esposo tinha ido me levar. Matheus estava junto.

Enquanto eu estava no curso, meu esposo decidiu ir até o zoológico para passar o tempo. Disse que, quando chegou, logo na entrada, Matheus estava com medo. Mas o pai foi encorajando o menino e ambos entraram para ver os animais. Carlinhos pensou que estivesse tudo bem.

Porém, num determinado ponto do zoológico, Matheus entrou em pânico novamente. Começou a chorar muito, suar de uma maneira que dava pena. O coraçãozinho batia muito acelerado e ele não conseguia se mover.

Meu marido estava sozinho com ele dessa vez. E como não tinha o que fazer, teve que carregá-lo, porque ele não conseguia sair do lugar. Nessa época, ele já contava mais de 10 anos!

Desde bebê Matheus apresentava muito medo de água em movimento ou, podemos dizer, do reflexo da água. Ele tinha verdadeiro horror a aquários e não entrava de jeito nenhum em lugar que tinha algum.

Durante anos, quando passávamos perto de algum rio, ele sempre se abaixava no carro para não ver. Passear com ele ao redor de um lago era uma coisa totalmente impossível, porque ele sempre entrava em pânico.

Com o tempo, a terapeuta ocupacional foi realizando um trabalho e aos poucos ele foi se aproximando e perdendo o medo.

Hoje nós conseguimos, mas um tempo atrás não podíamos fazer qualquer passeio em que tivesse aquário, rio, praia, piscina, lago e até mesmo chafariz. Hoje ele gosta de pescar, de ver os barcos no rio e até mesmo olhar o mar. Mas não gosta de entrar na água, com exceção de piscinas.

Quando ele estava de 2 para 3 anos, nós fomos à praia pela primeira vez. E ele não gostou muito da areia nos seus pés. Mas entrou no mar conosco sem nenhum problema.

Passados alguns anos, no casamento de meu irmão, fomos à sua cidade, à beira-mar, e lá ficamos uns dias para aproveitar a praia. Mas dessa vez, quando chegamos defronte ao mar, Matheus entrou em pânico. E novamente, suava muito, tremia, chorava, o coração muito acelerado, e ele não conseguia se mover.

Então, nós não o forçamos. Achávamos que podia ser algo que ele tivesse visto ou alguma coisa qualquer. Afinal, ele já tinha estado no mar antes e também tinha gostado. Alguns anos se passaram e, quando ele estava com 15 anos, resolvemos tirar férias na praia.

E foi uma das experiências mais terríveis! Porque fomos para passar uma semana e eu, no segundo dia, já estava querendo voltar. Ele não quis nem saber de entrar no mar. Mas quando eu olhava para ele, eu sentia que ele estava com vontade, mas o medo era maior.

Então, eu e o Carlinhos decidimos colocá-lo à força. Para que ele apenas experimentasse. Agora imaginem a cena. Eu e meu esposo carregando um moço de 15 anos para o mar, com ele aos gritos!

Isso chamou a atenção de muitas pessoas. Mas nós queríamos ao menos tentar. Quando vimos que não tinha jeito e que ele estava em sofrimento, então optamos por tirá-lo da água e não o colocamos mais.

Só que ele não aproveitou em absolutamente nada o passeio. Não queria ir à praia. Não queria ficar na pousada. Não queria fazer nenhum passeio. Ele só chorava e reclamava de tudo! A única coisa que o acalmava era colocá-lo dentro do carro e ficar passeando.

Mas o leitor há de concordar comigo que não é bem isso o que as pessoas normalmente desejam quando vão à praia, não é mesmo? Pois bem! Eu queria aproveitar a praia. E não consegui.

Vemos nossos amigos com os filhos da mesma idade dele, já crescidos, independentes, alguns até trabalhando, namorando. A maioria já nem acompanha mais os pais nos passeios. Enquanto nós, além de não termos com quem deixá-lo, ainda não é qualquer passeio que podemos fazer. Porque sempre temos a preocupação de como ele vai reagir.

Uma vez nós fomos convidados para uma festa a fantasia. Eu fiquei eufórica! Pois nunca havia participado de uma. E foi uma alegria ir atrás das fantasias e tudo o que seria necessário para a festa. No dia marquei cabelo, unhas, maquiagem e tudo estava perfeito. A festa seria à noite em uma chácara. E lá fomos nós.

Ao chegar, Matheus já não quis descer do carro porque estava escuro, mas com jeitinho conseguimos fazê-lo entrar. Só que, ao adentrar o local, deparamos com luzes coloridas e canhões de luz, além de uma música extremamente alta.

Matheus entrou em pânico no mesmo instante. E nós apenas cumprimentamos os aniversariantes e saímos às pressas do local, com o menino aos gritos.

Acabamos indo, fantasiados mesmo, jantar em outro lugar, porque não tivemos sequer oportunidade de comer qualquer coisa antes.

Outra dificuldade que sempre tivemos foi em sair para comer. Hoje, quando nós saímos com Matheus, nós costumamos ligar antes pedindo ou ir a algum lugar que já nos conhecem e passam o nosso pedido na frente, porque inúmeras vezes ele entra em crise porque quer comer, mas não entende por que tem que esperar.

Sair com amigos é algo cada vez mais raro, porque ele não gosta de dividir a atenção com ninguém e não aceita que conversemos com outras pessoas sem estar fazendo alguma coisa para chamar a nossa atenção. Aí ele começa a realizar inúmeros comportamentos inadequados.

Morder e rasgar as camisetas é o do momento. Mas já foi o de fazer xixi e cocô na roupa, já foi cuspir, já foi bater a cabeça, já foi começar a chorar e muitos outros. Sempre que uma dessas reações deixa de fazer efeito, ele já vem com alguma nova.

E ele sabe muito bem o que fazer e onde fazer. Porque ele sabe que, dependendo do lugar que estamos, não o poderemos repreender, como faríamos em casa. Não apenas por nós, mas em consideração às pessoas que estão ao nosso redor, que não entendem e que nos olham de uma maneira como se estivéssemos sendo cruéis com uma criança deficiente.

Certa vez, ele estava na calçada e começou a fazer uma birra porque queria algo que eu não podia realizar no momento. Eu tinha sido instruída a ignorar. E foi o que eu fiz. Então ele começou a se jogar no chão e bater com a cabeça contra a calçada, mas ele batia e me olhava, enquanto eu fingia que não estava vendo.

Quando ele estava prestes a se levantar, eis que surge uma senhora e vem para acudi-lo, xingando-me horrores por permitir que ele se machucasse daquele jeito. E foi tentando erguê-lo do chão. Eu tentei dizer a ela que eu sabia o que estava fazendo, mas a senhora estava tão brava comigo que não me ouviu.

Quando Matheus percebeu, começou a intensificar a birra. E ela começou a olhar para mim sem entender por que não aceitava a ajuda dela. Foi quando eu disse que ele era autista e estava fazendo uma cena para chamar a minha atenção e que ela estava alimentando ainda mais isso.

Ela se retirou sem entender nada, mas me xingando e se referindo a ele como um coitadinho. Quando ele percebeu que a senhora foi embora e que eu permanecia no mesmo lugar, ele se levantou e parou com a birra. E começou a falar comigo como se nada houvesse acontecido.

Se àquela época eu soubesse tudo o que eu sei hoje, talvez Matheus estivesse mais desenvolvido ou pelo menos com menos comportamentos inadequados. Mas o que eu tenho certeza é de que todos, sem exceção, foram reforçados quando ele era pequeno. Porque nós não sabíamos como agir naquela época. Então acabávamos sempre cedendo aos seus desejos e caprichos para que ele não entrasse numa dessas birras. E isso só reforçou para ele que bastaria uma boa birra para que conseguisse tudo o que quisesse.

Hoje temos consciência do quanto erramos! Mas naquela época não fomos ensinados e preparados para lidar com isso.

Hoje sabemos que um comportamento quando é reforçado, a probabilidade de que tal comportamento volte a acontecer é bem maior do que aquele que não foi reforçado.

Podemos começar com um exercício simples, observando, por exemplo, o que fazemos e qual é a nossa reação logo após a criança emitir algum tipo de comportamento inadequado. Como agimos diante de uma birra que a criança faz para conseguir algo? Ignoramos o seu comportamento e deixamos ela fazer birra até se cansar?

Ou será que damos logo o que ela quer para que pare? Ou será que punimos a criança?

O que fazemos também irá ajudar a determinar se esse mesmo comportamento voltará a acontecer ou não. Esse tipo de observação faz parte do que chamamos de análise funcional do comportamento. Além de nos ajudar a entender a função e o que está reforçando o comportamento, também nos faz compreender a relação entre o comportamento e o ambiente. Mais adiante vou falar de uma forma um pouco mais detalhada sobre isso.

São coisas simples como essa, mas que, se forem feitas desde quando a criança ainda é um bebê, irão determinar a forma como ela irá se comportar.

Quanto mais tempo a criança for reforçada num comportamento inadequado, mais difícil será de diminuí-lo. Vejam o exemplo de Matheus, que desde bebê foi reforçado nos comportamentos inadequados e hoje, por mais conhecimento que eu tenha, ainda não consegui me livrar deles totalmente. Porque já era algo que estava instalado nele, tornando mais difícil o processo de modificá-los.

Para o profissional que trabalha com essas crianças, às vezes parece extremamente fácil dizer o que fazer. Mas ali, no concreto, no dia a dia, não é tão simples assim. É preciso ter paciência e se colocar no lugar da família.

O professor, o terapeuta, eles estarão com a criança apenas algumas horas do dia e muitas vezes apenas alguns dias da semana. E se estiverem de fato fazendo o seu trabalho, estarão realizando diversas atividades com a criança. Mas a mãe, o pai, o cuidador, aquele que convive com a criança o dia inteiro, nem sempre estará disponível o tempo todo.

Algumas vezes, existem outros filhos que também precisam de atenção e cuidado, casa para cuidar, comida para fazer, roupa para lavar e passar e isso tudo quando não precisam trabalhar fora. Porque grande parte dessas famílias precisa do trabalho, principalmente para poder pagar o tratamento adequado, as medicações utilizadas e oferecer uma vida digna para essa criança.

Mas se você for fazer uma pesquisa hoje, verá que, na maioria dos casos, alguém precisou abrir mão do trabalho para se dedicar a essa criança. Pois ainda não temos locais para deixá-los enquanto trabalhamos.

Então, quando se tem quem ajuda, alguém da família, por exemplo, que se disponibiliza a cuidar, a levar nas terapias, escola, ainda é possível trabalhar. Mas quem não tem com quem contar, precisa muitas vezes abrir mão da sua profissão, do seu trabalho, para se dedicar inteiramente ao autista.

Conviver com o autismo 24 horas por dia não é uma tarefa fácil. Muitas vezes o olhar é dirigido apenas para a criança com autismo e não para a família. Mas a família precisa de ajuda e apoio tanto quanto a criança. Às vezes será necessário olhar para a família antes mesmo de olhar para a criança.

A família é parte essencial do tratamento! Então é preciso que ela esteja bem! É preciso que ela esteja forte e preparada para enfrentar os novos desafios. Por isso eu volto a bater na tecla de procurar ajuda especializada quando necessário.

Você que está lendo esse livro, que não é pai ou mãe de uma criança com autismo, mas que se sente envolvido de alguma forma, você também pode ajudar. Se perceber que a família está precisando, seja você a falar, a encaminhar, a mostrar que seria um caminho mais fácil.

Às vezes você acha que nem tem autoridade para isso, tem medo de falar e a família se revoltar ainda mais, então ofereça ajuda! Se faça presente! Ajude como você pode! Deus saberá recompensar esse gesto de amor!

Eu tive alguns anjos no meu caminho e um desses anjos foi minha vizinha. Quando Matheus era menor, e eu não sabia dirigir, era ela quem nos levava às consultas e terapias. Às vezes ela apenas ficava com Matheus para que eu pudesse tomar um banho sossegada, ir ao médico, ir ao salão cuidar do cabelo. Ou se percebia que eu estava enrolada, levava Matheus para casa dela para que eu conseguisse organizar a casa ou fazer comida. Quantas vezes ele voltava da casa dela de banho tomado e já alimentado. Quantas vezes ela me ajudou nas crises! Quantas vezes ela apenas esteve comigo para que eu não me sentisse sozinha... E isso, qualquer pessoa de boa vontade e de bom coração pode fazer! Eu jamais poderei pagar a ela por tudo o que ela já fez e ainda faz por nós, mas serei eternamente grata!

O que eu quero mostrar aqui é que você não precisa ser um especialista no assunto para ajudar. Você pode ajudar com aquilo que você tem e pode oferecer no momento. São esses pequenos gestos que realmente valem a pena.

Só não feche os olhos! Não pense: "Ah! Não

é comigo mesmo..." Porque poderia ser com você. Poderia ser na sua família. Faça sempre aos outros aquilo que você gostaria que fizessem a você se estivesse na mesma situação. Só esse pensamento seria capaz de mudar muita coisa, não apenas em relação ao autismo, mas a vida como um todo.

Empatia! É isso que falta à humanidade. A capacidade de se colocar no lugar do outro.

Se ainda assim, você achar que não pode fazer nada, faça ao menos uma prece! Já será de grande ajuda.

VIII

VIII

Capítulo VIII

Não foram só lágrimas

Se estou aqui hoje contando a minha história com o autismo não é para que as pessoas sintam pena de mim. Nem também para que me classifiquem como uma pessoa forte e batalhadora. Mas estou aqui, sim, para compartilhar o que aprendi ao longo de todos esses anos com o autismo.

Compartilhar sobretudo os meus erros, para que outras pessoas tenham a chance de não cometê-los. Compartilhar os meus acertos, para tornar mais fácil o caminho daqueles que ainda nada conhecem e que passam pelo mesmo que eu passei.

Minha intenção é indicar caminhos e possibilidades. Ajudando da maneira que eu sei e que eu posso. Também espero mostrar que todos nós somos imperfeitos. Que erramos, mesmo quando queremos acertar. Que devemos estar sempre buscando diferentes formas e maneiras de fazer o melhor que podemos. Que o aprendizado acontece diariamente.

O que eu sei hoje, eu não sabia há um tempo atrás e, com toda a certeza, irei aprender coisas novas ainda. Ninguém sabe tudo! Ninguém nasceu sabendo tudo! O aprendizado é um processo constante! E quem acha que não tem mais nada a aprender é quem mais precisa. Não me acho superior aos doutores e mestres. Mas também não sou tão inferior, pois aprendi praticando. Aprendi e aprendo, convivendo diariamente com o autismo. Com todos os meus erros e acertos e principalmente com toda a minha limitação.

E posso dizer, com toda a certeza, que não houve apenas lágrimas, mas muitos risos e muito o que comemorar.

Conviver com o autismo me ensinou a dar um passo de cada vez, a caminhar, em vez de correr. A comemorar cada pequena conquista e a rir de coisas que para as outras pessoas talvez não faça nenhum sentido.

Lembrando que cada um tem a sua própria história! Que as características são diferentes, então muito provavelmente você tem uma história diferente da minha!

No nosso caso, Matheus foi diagnosticado com autismo, associado a uma leve deficiência intelectual e epilepsia. Então, não eram apenas as dificuldades de interação social, comportamento e comunicação. Tinha também todas as dificuldades relacionadas com esse retardo mental e a epilepsia.

Por isso, dentro das limitações do Matheus, cada coisa que ele aprendia ou conseguia fazer sozinho era motivo de muita festa! E, às vezes, não éramos compreendidos.

O que tem de especial em uma criança já com mais de 10 anos imitar uma outra pessoa? Nada, não é?!

Pois, para mim, isso me tirou lágrimas dos olhos! Nós sabemos o quanto a imitação é importante para o desenvolvimento das habilidades necessárias ao nosso dia a dia. Aprendemos imitando. Porque vemos as pessoas fazerem.

Mas para uma criança com autismo isso não é tão simples. E Matheus teve muita dificuldade para aprender a imitar.

Num belo dia, estava eu com ele num consultório, aguardando atendimento, quando chegou um homem e se sentou ao lado dele no sofá, cruzou as pernas e colocou as mãos atrás da cabeça. Matheus observou os movimentos do homem e, em seguida, lá estava ele fazendo exatamente igual! E para completar, disse: "Mamãe, estou imitando", e caiu na risada, achando tudo muito engraçado.

Eu não sabia se ria ou se chorava, de tanta alegria. O homem, coitado, não entendeu nada. Mas eu estava tão feliz, que nem me lembrei de explicar.

E QUANDO ELE APRENDEU A USAR O BANHEIRO!?

A primeira vez que ele fez cocô no banheiro eu pulava de alegria! Ria e chorava ao mesmo tempo. Enchia ele de beijos e dava os parabéns sem parar. Foi um dos dias mais felizes da minha vida!

Foi motivo de festa também vê-lo sentar diante de uma mesa para se alimentar sozinho. Vê-lo pegar uma caneca e se servir de água para matar a própria sede. Vê-lo atender um pedido. Ouvi-lo dizendo o que queria... Coisas tão simples, não é mesmo? Quando alguém se prenderia a esses pequenos detalhes?! Mas, para nós, são grandes vitórias!!!

Quem o vê hoje, não imagina o quanto ele era

resistente ao toque, ao beijo, o quanto era difícil ele nos olhar nos olhos, ficar sentado e tantas outras coisas.

Quando pequeno, ele não olhava nos nossos olhos. Mas, depois de tanta terapia, ele aprendeu a olhar. E hoje, se ele quer conversar conosco e estivermos prestando atenção em outra coisa, ele busca os nossos olhos e ainda direciona o nosso rosto para o dele.

Para quem não gostava de ser beijado e abraçado, hoje ele adora abraçar as pessoas. Algumas pessoas ele abraça até demais!

Uma das maiores dificuldades que eu tinha quando saía com Matheus era que ele não parava sentado. E eu tinha que ficar correndo atrás dele o tempo todo. Hoje, uma das coisas que ele mais ama fazer é ficar sentado numa cadeira na calçada observando as pessoas e o movimento da rua.

Todas essas conquistas foram resultado de um longo processo de terapias e ensino. Com várias pessoas envolvidas e empenhadas em ajudá-lo.

Às vezes, aqui em casa, nós pensávamos que as terapias não estavam dando resultado. Mas, de repente, ele começava a demonstrar que estava, sim, aprendendo.

Recentemente eu fui contar para ele que uma pessoa que ele gosta estava com dengue. Quando contei, ele pensou, pensou... e finalmente disse: "Mosquito... veneno... matar".

E então eu me lembrei que na escola eles estavam trabalhando com o tema, buscando a conscientização de todos sobre o problema. E ele estava demonstrando que havia assimilado aquelas informações.

Embora a fala do Matheus seja bem prejudicada, por não ter se desenvolvido totalmente, ele aprendeu como fazer para que as pessoas fossem capazes de entendê-lo. Então, ele fala e em seguida vai dando as pistas ou apontando ou usando qualquer outra ferramenta para que o entendam. Ele sabe dizer que está com fome, com sede, que deseja ir ao banheiro... E isso já ajuda bastante!

A pureza, a sinceridade e a ingenuidade dele é algo que encanta a todos! Ele não faz distinção e muito menos age com preconceito.

Tenta interagir com qualquer pessoa. Puxa assunto com andarilhos, alcoólicos e dependentes químicos. Enquanto a maior parte de nós tenta se esquivar, ele se aproxima. Chama de vô, vó, tio, tia a todos os catadores de lixo e recicláveis.

Mas se ele não gosta da pessoa ou sente que a pessoa não gosta dele, qualquer um é capaz de notar, porque ele não apresenta aquele "verniz social" que somos obrigados a ter. Se ele gostar, ele vai querer conversar, abraçar, estar perto. Mas, se ocorrer o contrário, ele tratará a pessoa como se ela nem estivesse ali.

Matheus jamais será capaz de ofender e maltratar alguém. Às vezes eu via pessoas, na maioria crianças, desfazendo dele. Mas ele continuava na maior ingenuidade, próximo. E quando alguém brigava com ele, ele ria.

Matheus adora ver coisa errada. Sempre ri muito ao presenciar uma queda ou quando estão aprontando alguma traquinagem. Uma vez, a minha vizinha e eu precisamos nos esconder para não passar vergonha.

Estava chovendo e Matheus queria ficar na rua, então nós erguemos o portão maior e ficamos ali sentadas com ele. Nisso, uma moça de moto veio fazer uma entrega na casa ao lado e, ao descer da motocicleta, enroscou a capa de chuva no suporte de apoio e levou um enorme tombo. Suas coisas se espalharam todas pelo chão.

Matheus, diante da cena, começou a rir. Riu até passar mal. A moça levantou-se e pegou as coisas que estavam esparramadas no chão e olhou meio brava, porque ele estava rindo. Eu e minha vizinha quase morremos de vergonha! Mas a risada dele era tão inocente que a gente acabou rindo junto!

É a pureza e a inocência que encantam a todos que dele se aproximam. Por esses e outros motivos é que vibramos a cada conquista, a cada vitória, a cada coisa nova que ele aprende.

Eu não sei por qual motivo você está lendo esse livro! Não sei se você é mãe, pai ou parente de alguém com autismo. Ou se você é professor, professora, algum profissional da área da Saúde ou apenas alguém que se interessou pelo assunto. Mas o que eu tenho para lhe dizer hoje é: não desista!

O caminho não é fácil! Haverá momentos em que você achará que não dará conta! Mas nesses momentos, procure sempre elevar o pensamento a Deus e fazer uma prece sincera, colocando para Ele como você se sente, suas necessidades e frustrações. Ele, que tudo vê e tudo ouve, saberá lhe conduzir pelo melhor caminho e irá inspirar você nas tomadas de decisões.

Não se culpe se você errar ou se já errou em algum momento! Todos somos humanos e possuímos falhas e limitações! Vivemos para aprender e evoluir com nossos erros e acertos! Quando erramos, isso ocorre na tentativa de acertar, e por acharmos que determinada ação seria melhor naquele momento. Então, não fique se culpando por isso ou aquilo. Estamos aqui para aprender! Se fez errado, tente de novo! Só não desista!

Eu não sabia nada de autismo até ele cair de paraquedas na minha vida. Aprendi muito ao longo desses anos! Mas sei que ainda tenho muito a aprender.

Procure ler bastante! Existem excelentes livros, *sites*, vídeos, que ajudam a esclarecer. Busque sempre se atualizar com palestras, vídeo-aulas e cursos. Sempre teremos algo novo a aprender! Principalmente com os avanços tecnológicos e também com as pesquisas.

Faça apenas aquilo que estiver ao seu alcance! E não se sinta culpada, ou culpado!

IX

XI

Capítulo IX

COMO A FÉ ME AJUDOU

COM EXCEÇÃO DAQUELA pessoa que me disse que o sonho da vida dela era ter um filho com autismo, eu penso que nenhum pai e nenhuma mãe deseja de fato ter um filho com algum tipo de "problema".

A preocupação de toda mulher gestante é sempre em gerar uma criança saudável e perfeita.

Toda família, enquanto aguarda a chegada do seu bebê, faz planos para o futuro dele ou pelo menos tem um único desejo: que ele seja feliz. Quando se recebe um diagnóstico como o de autismo, que é para toda a vida, é comum entrar em desespero e começar a procurar possíveis culpados.

E quando a culpa não recai sobre si mesmo, geralmente o grande atingido é Deus!

Por que eu? Por que comigo? Eu quis tanto essa criança! Ela foi tão desejada e planejada! Por que Deus está me castigando? O que fiz de errado?

Estes são alguns dos muitos questionamentos e revoltas. Então, nos afastamos de Deus.

No meu caso, eu sempre fui uma pessoa muito religiosa. Fui criada dentro da Igreja Católica e era daquele tipo de pessoa que frequentava diariamente os cultos e missas. Rezava o meu terço, participava das missas, confessava regularmente e estava inserida em diversos movimentos e pastorais.

Mas quando eu estava enfrentando esse momento de revolta, minha primeira decisão foi abandonar tudo! Porque eu julgava que tinha sido tudo em vão! Que não era amada por Deus e de que nada do que eu tinha feito tinha realmente valido a pena. Eu acreditava que estava sendo castigada!

Começamos a perceber que, junto a isso, Matheus não se sentia confortável dentro de Igreja alguma. Não sabíamos o que o incomodava. Se era o local, as imagens dos santos, os cânticos...

Então, por um tempo, tentamos ir em todas as igrejas da nossa cidade para ver se ele se sentia à vontade em alguma delas. Mas ele se recusava a entrar ou, se entrava, logo começava a chorar e queria sair.

Lembro-me que por várias vezes tive de sair com ele, às pressas, quando começavam os cantos ou quando apagavam as luzes para algum momento de oração, porque ele entrava em pânico. Então começamos a participar cada vez menos. E quando íamos, ficávamos da porta para fora. Até que fomos deixando de ir.

Fiquei por vários anos sem ir à igreja e até mesmo sem fazer minhas orações diárias, mesmo depois de a revolta ter passado. Eu me sentia abandonada por Deus; então eu retribuía da mesma maneira.

Até que um dia, após uma das crises de epilepsia do Matheus, os padrinhos dele me convidaram a ir até um centro espírita para que eles pudessem fazer uma oração pelo Matheus.

De cara pensei em recusar, pois eu tinha sido católica a vida inteira. Mas depois refleti melhor e pensei comigo: "Se não fizer bem, mal também não fará". Então, nós fomos!

Fui imaginando um monte de coisas, pois eu não sabia o que encontraria lá. Mas quando cheguei no Centro Espírita Nosso Lar fui muito bem recebida e percebi que eu estava num lugar com pessoas de bem.

Matheus teve um pouco de resistência. Não queria entrar. Mas, alguns dos atendentes do centro foram até onde ele estava, aplicaram-lhe o passe e recomendaram o tratamento.

Na terceira vez que o levamos, ele já estava completamente enturmado com as pessoas. Entrava sozinho e se sentia muito à vontade no lugar. Quanto a mim, eu me senti em casa, desde o primeiro dia que lá pisei. Senti uma paz, uma força e a presença de Deus, como há muito tempo não sentia.

Comecei a me interessar mais pelo assunto, a ler as obras de Allan Kardec e vários outros livros que falavam a respeito do espiritismo. Participei de alguns encontros e, quando me dei conta, já estava totalmente envolvida com os trabalhos.

Posso dizer que essa parte da minha história também foi fundamental. Porque, ao conhecer a doutrina espírita, eu deixei de me ver como vítima. Ninguém é vítima de nada!

Um dos princípios sobre os quais se apoia o espiritismo é a lei de causa e efeito ou ação e reação[8]. Onde se aplica aquele ensinamento de Jesus que colhemos exatamente daquilo que plantamos. Pois tudo o que fazemos volta ou voltará para nós um dia, nesta ou na próxima existência.

Quando compreendemos que a vida não termina com a morte, que o que morre é o nosso corpo, mas que somos um espírito e que esse espírito é imortal e que vive em constante evolução, conseguimos entender o porquê de muitas coisas.

Eu aprendi que existe um planejamento no mundo espiritual antes da encarnação. E que a vida na Terra, com seus desafios e tribulações, é totalmente necessária para evoluirmos como espíritos que somos. O livre-arbítrio, de que cada um de nós é dotado, será o responsável pelo êxito ou fracasso de nossa existência.

Mesmo que nossa prova tivesse sido imposta pela necessidade de reparação de algum erro

---

8. Eis aí uma comparação à Lei de Newton. Mas neste caso referimo-nos à lei moral que atua como instrumento da Justiça Divina. (Nota do Revisor)

passado, ainda assim seríamos livres para optar em realizá-la ou não. O que vai contar é sempre o nosso esforço e a nossa resignação. E se não conseguirmos cumprir com a nossa prova nesta existência, assim como um aluno que reprova na escola e tem que recomeçar tudo novamente no ano seguinte, nós teremos oportunidade de outra existência, até que, algum dia, consigamos vencer e ter êxito na nossa prova e, assim, evoluir.

Tomar conhecimento disso me deu um novo ânimo. Pois eu me tirei da condição de vítima. E comecei a ver como uma forma para reparar algo que eu fiz e que prejudicou alguém ou como uma prova para ajudar no processo de evolução de mim mesma como espírito que sou, de me purificar, ou como uma tarefa que me foi confiada. Aprendi a agradecer por tudo o que me acontece, pois, agora eu sei que tudo tem uma razão de ser.

Estamos neste mundo apenas de passagem!

Com o conhecimento que a doutrina espírita me trouxe, aprendi que somos espíritos imortais e utilizamo-nos de dois corpos: o físico, que bem conhecemos, e o perispírito[9].

O corpo é o instrumento material que usamos para viver aqui na vida física. O perispírito é o laço que prende o espírito ao corpo. E o espírito ou alma é o ser imaterial e imortal. Com a morte, o que morre é o corpo. O espírito continua a viver, só que, agora, em outro plano, isto é, na mesma dimensão que constitui o mundo dos espíritos, de onde veio e onde é sua verdadeira pátria.

Aprendi também que sofremos influências espirituais a todo instante e que essas podem ser a causa de muitas patologias ou perturbações.

No livro *A obsessão*, de Allan Kardec[10], ele diz:

---

9. Perispírito é o envoltório do espírito, de natureza semimaterial.
10. Opúsculo que o Codificador publicou antes de lançar *O Livro dos Médiuns*, em 1861. O tema, por sua importância, mereceu um capítulo à parte nessa obra.

Tempo virá em que a ação do mundo invisível será geralmente admitida e a influência dos maus espíritos posta entre as causas patológicas. Será levado em conta o importante papel desempenhado pelo perispírito na fisiologia e uma nova via de cura será aberta para uma porção de doenças consideradas incuráveis.

A partir dessa verdade, aprendi que não é apenas nosso corpo que precisa de cuidados, mas nós também, como espíritos. Que existem as enfermidades do corpo e do espírito. E que estes também precisam ser tratados.

Gostaria de acrescentar aqui um trecho de uma mensagem de Divaldo Franco sobre o autismo. Diz o médium:

> Sob o aspecto da doutrina espírita, podemos considerar a problemática do autismo como sendo uma provação para o paciente,

que estaria se recuperando de delitos praticados em existências passadas, assim como os seus familiares, especialmente os pais.

Mediante as limitações experimentadas e os sofrimentos pertinentes, o espírito endividado refaz-se e liberta-se da carga aflitiva a que se encontra jungido, tornando-se, desta forma, uma verdadeira bênção.

Outrossim, pode ser uma experiência iluminativa solicitada pelo próprio espírito, a fim de contribuir em favor de estudos científicos que irão beneficiar outros; ao mesmo tempo um esforço pessoal para o maior crescimento sociopsicológico.

Eu entendi que, para ajudar Matheus, eu não podia apenas oferecer os remédios e as terapias que ele necessita e das quais não posso abrir mão. Eu precisava oferecer a ele o tratamento de seus sentimentos, como espírito que é. E assim, hoje ele também realiza um tratamento espiritual com passes magnéticos, desobsessão e água fluidificada. Percebemos que a fé é um componente essencial ao tratamento. Hoje ele se encontra num equilíbrio muito maior.

Sabemos que ainda não existe a cura! Mas a fé ajuda a passar por tudo com muito mais força e coragem!

Você não precisa modificar a sua fé, mudar de religião ou coisa assim. Não é isso que estou dizendo! O que estou dizendo é como a fé pode ajudar.

Eu não sei a qual religião você se vincula, qual escola de fé você professa. Mas, seja lá qual for, acredito que exista a fé em um Ser Supremo e todo-poderoso, Criador de tudo o que existe. Então, é a Ele que você deve se apegar, fazer preces...

Sim, a prece é um santo remédio. Ore pela criança enquanto ela dorme! Leve-a ao templo, por mais que ela dê trabalho, a fim de que possa ao menos ouvir falar de Deus. Isso tudo fará com que ela se acalme e fique em paz.

E se você não é pai ou mãe, mas trabalha com autistas, peça sempre ajuda a Deus, que lhe aponte o melhor caminho e que guie os seus passos. Você irá perceber que não está sozinho! E que forças maiores ajudam você!

A fé é um remédio seguro, eficaz e sem nenhum tipo de contraindicação.

Junte a isso, uma dose bem grande de amor, compaixão, paciência e benevolência e sem dúvida alguma você conseguirá sair vencedor dessa prova.

X

Capítulo X

Recomendações importantes

◂ ♥ ❊ ♥ ▸

Como eu já disse anteriormente, resolvi escrever esse livro para ajudar as pessoas que estão passando pelo mesmo que eu passei e ainda passo. Mas não existe uma regra ou receita de bolo a ser seguida.

Você terá que ir encontrando o melhor caminho, aquele que se enquadra ao seu modo de ver e sentir e também que atenda às suas atuais condições e necessidades.

Embora cada um possua sua própria história e sua própria trajetória, o caminho a ser percorrido é bem semelhante.

Aqueles que ainda não possuem um diagnóstico, mas que já conseguem perceber alguns sinais, eu sugiro que busquem o quanto antes por uma avaliação. Melhor prevenir do que remediar.

A avaliação deve ser feita por uma equipe multidisciplinar (médico, psicóloga, terapeuta ocupacional, fonoaudióloga), que irão aplicar testes específicos dentro de cada área para identificar possíveis sinais.

Quem irá dar o laudo é o médico. E esse laudo é muito importante, pois será com ele que poderá lutar pelos direitos da criança.

Quanto mais cedo o diagnóstico for feito, melhor será. Pois será possível começar rapidamente com as intervenções. E como já foi dito anteriormente, com a intervenção precoce é possível amenizar os sintomas e assim proporcionar uma melhor qualidade de vida para a criança e para a família.

Não é preciso esperar por um diagnóstico, que poderá demorar. Se perceber atrasos e dificuldades relacionadas com a comunicação, interação social e comportamento, comece imediatamente as intervenções.

Procure por profissionais qualificados. Hoje em dia é preciso estar atento, pois o autismo, assim como outras doenças, acabou se tornando um comércio. Há aqueles que oferecerão até mesmo a cura, apenas para tirar dinheiro de famílias desesperadas. Por isso, é importante pesquisar, ler, estar sempre se atualizando, para que, assim, você consiga se proteger de possíveis enganadores.

Busque por intervenções que tenham sua eficácia cientificamente comprovada. Pois não há tempo a perder.

As intervenções não devem ocorrer apenas na clínica onde a criança realiza o tratamento.

Deve haver uma parceria entre clínica, escola e família. Todos devem falar a mesma língua e estarem por dentro do trabalho que está sendo realizado e a forma como estão fazendo. Porque é algo que exige uma continuidade.

Os profissionais que trabalham com esse tipo de público devem estar atentos primeiramente às necessidades de cada indivíduo. Lembrando que o que dá certo para um, pode não dar certo para outro. E é preciso ter muita sensibilidade para perceber isso.

Procure sempre reforçar os comportamentos desejáveis quando eles acontecerem. Por menor que pareça! Seja com um elogio, seja com um prêmio ou da forma que você perceber que a criança gosta. Mas faça ela perceber que aquilo foi bom, que foi legal.

Por outro lado, não valorize os comportamentos inadequados. Ou seja, não deixe ela perceber que poderia usar isso para lhe provocar, para chamar a sua atenção. Porque, na primeira oportunidade, ela poderá usar disso para lhe atingir. Mostre a ela, com firmeza, que aquilo não foi bom e não se faz. Mas apenas sinalize, sem dar muita ênfase.

Diante de uma birra, você não pode simplesmente ignorar e sair de perto, como alguns profissionais me orientavam. Para ignorar, antes você precisa analisar se há riscos para a criança e para outras pessoas. Óbvio que não dá para deixar a criança batendo com a cabeça numa parede ou algo semelhante, pois ela poderá se machucar gravemente. Você também não irá deixar que ela enfie algum objeto numa tomada ou saia correndo no meio da rua entre os carros ou que pegue um pedaço de pau para bater em si próprio ou em alguém.

Durante anos o que eu mais ouvi foi: "Ele está fazendo isso para chamar a sua atenção. Ignore!"

Hoje eu sei que não é simples assim. Quando Matheus era menor, ele tinha um costume: quando via alguém que ele conhecia e de quem gostava, ele se jogava fortemente para trás. E eu, óbvio que o segurava. Uma vez, a professora da Escola disse: "Mãe, deixa ele se jogar e cair; a hora que se machucar de verdade, ele para".

E uma vez, cansada de tanto ele fazer isso, eu soltei a mão dele e ele caiu. Não chegou cortar a cabeça, mas ficou com um galo enorme.

Adivinha o que aconteceu?

Além de me sentir muito culpada, no dia seguinte, ele fez de novo... e de novo... e de novo.

Outro fato semelhante foi que ele não mastigava os alimentos, engolindo direto. E por várias vezes já tinha engasgado.

Então, eu sempre lhe dava tudo muito picadinho. E me disseram que eu não deveria fazer isso porque assim ele jamais aprenderia a mastigar. "Ok, tudo bem", pensei.

Até que, um dia, deram-lhe um pedaço de carne maior e ele engasgou. Então todos perceberam que, naquele momento, o ideal era mesmo dar tudo muito picadinho.

Não quero que os profissionais pensem que estou fazendo alguma crítica; quero apenas mostrar que é preciso ter sensibilidade e cuidado com as orientações.

Ninguém melhor que a família para conhecer a criança. Pois convivemos com ela 24 horas por dia. Então, é muito importante que os profissionais levem em consideração também aquilo que os familiares falam. Todos temos muito ainda o que aprender.

Voltando ao que estávamos falando, da birra: não é porque alguém falou que você tem que ignorá-la que você vai permitir que a criança se machuque ou machuque alguém. Ou, pior ainda, deixar ela fazer o que quer alegando que você precisa ignorar o comportamento para não reforçá-lo. Não! Se for necessário, use da contenção. Segure firme a criança até que ela se acalme.

Quando Matheus era menor e entrava numa

dessas birras agressivas, me ensinaram a contê-lo, colocando ele entre minhas pernas, de costas para mim, segurando com as mãos os braços dele e, com minhas pernas, prendendo as perninhas dele. Tomando cuidado com as possíveis cabeçadas que ele poderia me dar.

Isso funcionou por um bom tempo. Mas hoje ele está maior que eu! Então, a forma mais segura que encontrei é levá-lo até o sofá e segurar seus braços para que ele não se bata e não me bata, até que ele se acalme.

Se não estou em casa, procuro sentá-lo em algum lugar e agir da mesma forma. É o que tem ajudado no momento.

Mas isso tudo é durante a crise. Existem formas de evitar que ela aconteça. Lembra quando eu falei da Análise Funcional? Pois bem! Isso é muito utilizado na Análise do Comportamento Aplicada (ABA).

A Análise Funcional, falando de uma maneira muito simples, nada mais é do que você analisar a relação entre o comportamento e o ambiente, para assim chegar à função do comportamento. Entender o porquê de tal coisa acontecer, quando acontece, com quem acontece... E, dessa forma, ser capaz de preveni-la.

Pode parecer difícil, mas não é! Observe tudo o que acontece antes e depois do comportamento para assim entender a sua função. Que pode ser para chamar a atenção, pode ser algum desconforto, pode ser uma forma de se comunicar... Isso vai variar muito. Nesse quadro você irá conseguir visualizar melhor o que estou dizendo:

Antecedente	Comportamento	Consequência
Tudo o que aconteceu antes; quem estava com a criança; o que foi falado; se viu ou ouviu algo etc.	O que a criança fez; o comportamento propriamente dito.	O que aconteceu imediatamente após; se obteve o que queria; se ganhou algo ou se retiraram algo dela; se foi punida etc.

Para ilustrar melhor veja este exemplo bem simples:

Antecedente	Comportamento	Consequência
- estava no mercado com a mãe - queria um chocolate e pediu para a mãe - a mãe pediu para ela esperar terminar a compra	Birra: se jogou no chão e começou a chorar e a se bater	- a mãe deu o chocolate para ela parar de chorar - ela parou de chorar e ficou feliz

O QUE DÁ PARA OBSERVAR NESSE EXEMPLO?

Primeiro: conseguimos observar que a mãe reforçou o comportamento de birra da criança. Porque ao dar o chocolate para que ela parasse de chorar, a criança aprendeu que, quando quiser algo que a mãe não queira no momento, bastará fazer uma birra igual ou maior que essa para conseguir.

Isso porque o comportamento dela foi reforçado. E quando um comportamento é reforçado, as chances de ocorrer novamente são maiores do que um comportamento não reforçado.

Nesse caso, ficou muito claro o que motivou a birra. Foi o fato de a criança querer o chocolate e a mãe não dar naquele momento. Ela foi contrariada!

Se isso for um comportamento frequente, ou seja, se toda vez que a mãe vai ao mercado com a criança ela faz birra para ganhar o chocolate, o que a mãe poderá fazer para evitar?

A mãe poderá combinar com a criança antes mesmo de sair de casa, advertindo-a que apenas no final da compra ela ganhará o chocolate. Ou ainda utilizar um sistema de economia de fichas que poderá ter como prêmio o chocolate que ela tanto gosta, mas que só poderá ser trocado quando ela atingir o número de fichas necessárias.

Ou, ainda, a mãe poderá estabelecer com a criança algo do tipo: quando me pedir chocolate, adequadamente, ou apresentar um bom comportamento, você será premiada com um chocolate.

Mais uma sugestão?

Pedir para a criança ajudar com alguma outra coisa, distraindo-a temporariamente até o final da compra ou qualquer outra coisa que fosse possível para *evitar* esse comportamento da birra.

Mas nós, pais, sabemos que nem sempre é possível evitar. E aí, então, o único jeito é esperar que passe, da melhor forma possível. Mas de preferência sem reforçar esse comportamento.

O que a mãe poderia ter feito lá no mercado enquanto a criança se jogava no chão e chorava?

Uma das possibilidades seria ela ter "ignorado" aquele comportamento, mas de uma forma que não colocasse a criança ou outras pessoas em risco. Já ouviu aquela expressão: "faz cara de paisagem"?

Pois é isso! Nesse momento, o melhor seria segurar a criança para evitar acidentes, mas desviar o olhar e ficar totalmente em silêncio, até que ela parasse. E no primeiro momento que ela parasse, aí, sim, elogiar e dizer algo do tipo: "Que bom que você parou de chorar!" Ou: "Vamos terminar a compra", ou simplesmente continuar a compra sem nada dizer.

Nessas horas é pior ficar falando ou querer bater ou sair de perto e largar ela fazer o que quiser, porque ela pode inclusive pegar o chocolate para lhe mostrar que quem manda é ela e ela faz o que quer. Aí você já estará começando a perder o controle da situação.

Na maior parte das vezes, essas birras acontecem porque a criança não tolera frustrações. Ela não aceita o "não". Mas sabemos que não podemos fazer tudo o que a criança quer. É preciso impor regras e limites. Ela tem que aprender o que, quando e onde pode, e o que, quando e onde não pode.

As rotinas visuais ajudam bastante a dar uma previsibilidade das coisas que irão acontecer ao longo do dia. Principalmente na escola é uma excelente ferramenta.

Essas rotinas seriam dicas visuais que podem ser fotos da criança realizando alguma atividade ou imagens ou pictogramas. Colocadas de forma ordenada, para que a criança compreenda o que vem antes e o que vem depois.

Veja esses dois exemplos:

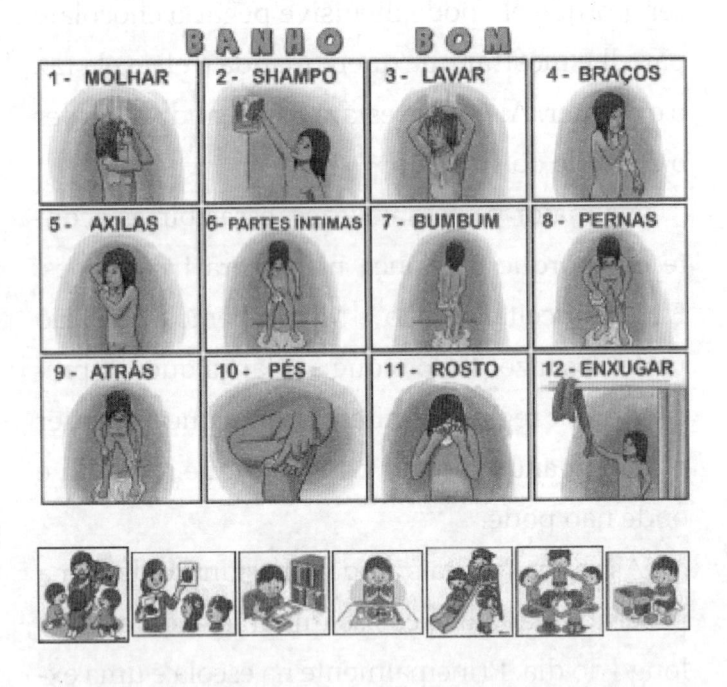

BANHO BOM

1 - MOLHAR	2 - SHAMPO	3 - LAVAR	4 - BRAÇOS
5 - AXILAS	6 - PARTES ÍNTIMAS	7 - BUMBUM	8 - PERNAS
9 - ATRÁS	10 - PÉS	11 - ROSTO	12 - ENXUGAR

Em um pictograma está ilustrado o passo a passo para o banho. No outro, a rotina da sala de aula.

Esses tipos de dicas visuais ajudam a criança a não ficar ansiosa, a saber o que fará em seguida, de quais materiais ela irá precisar, onde irá durante o dia, como ela deve fazer determinadas coisas e muito mais. E assim, além de possibilitar uma maior autonomia, é possível evitar muitos problemas com comportamento.

Uma outra dica que eu gostaria de dar é: Não faça pela criança aquilo que ela é capaz de fazer! Precisamos prepará-las para ter a maior autonomia e independência possível, pois não seremos eternos. Por isso, o ensino das habilidades básicas é o ponto principal da intervenção. É preciso sempre ter como foco principal o que é essencial para essa criança, organizar as prioridades e estabelecer metas.

Alguns pais sonham que seu filho, ao se tornar adulto, possa trabalhar, casar, ter filhos... e isso não está errado! Alguns realmente conseguem ter tudo isso!!!

Podemos sonhar e ter esperanças. Mas precisamos ser realistas e manter sempre os pés no chão e assim pensar: "Ok! Mas antes disso, o que meu filho precisa?" E então trabalhar com isso. Com o agora!

Agora ele precisa aprender a fazer a própria higiene sozinho; agora ele precisa aprender a se vestir sozinho, precisa aprender a se alimentar sozinho, ele precisa aprender a se comunicar adequadamente... Ele precisa aprender algumas regras sociais; agora ele precisa aprender a controlar sua raiva e frustração... Enfim, todas as habilidades que serão necessárias para quando ele se tornar um adulto.

É importante dizer que nenhuma terapia apresentará resultados imediatos. Que vai depender do quanto essa criança está sendo estimulada; vai depender se a família tem seguido as orientações, se a escola tem colaborado.

É um processo lento e, às vezes, demora muito para se ver os resultados. Mas posso garantir que eles surgirão com o tempo. Só não pode desanimar, achar que não está adiantando nada. Na hora que a gente menos espera, eles nos surpreendem.

Outra dica é: Não afaste a criança do convívio social! Ela precisa aprender a se relacionar com as pessoas. E não vai ser trancando a criança em casa que isso será possível.

Eu sei que é difícil! No começo eu e o meu esposo fazíamos isso. Primeiro porque nos feria o olhar de discriminação e julgamento das pessoas, mas também porque achávamos que, para Matheus, era muito sacrifício estar em determinados locais com determinadas pessoas. Então, muitas vezes, tentamos poupá-lo disso. Mas foi um erro! Ele só não sabia como deveria se comportar. E para isso foi preciso ensiná-lo.

Também evitávamos, no começo, todos aqueles lugares barulhentos, com muitas pessoas e com muitas luzes, porque sabíamos que aquilo o incomodava.

Mas aos poucos fomos começando a levá-lo,

e assim conseguimos fazer com que ele fosse se acostumando.

Eu gostava muito de ir às festas de peão (rodeios). Numa dessas festas, levamos Matheus conosco. Ele ainda era pequeno. Compramos o ingresso na bilheteria e entramos.

Mas, ao chegar perto da arena, o som estava muito alto e havia muitas luzes e muita gente. Matheus entrou em crise. Começou a chorar, ficou em pânico. As mãos dele suavam, o coração ficou muito acelerado. Então percebemos que não tinha condições de continuar ali e tivemos que voltar para o carro e ir embora.

Ficamos anos sem participar dessas festas. Até que, uma vez, eu tive a ideia de fazer uma nova tentativa, só que dessa vez levaria fones de ouvido para amenizar o barulho.

Matheus estava até engraçado, vestido todo de cowboy, chapéu na cabeça e fones de ouvido. Mas conseguimos ficar até o final. Ele adorou ver os cavalos, os bois e até mesmo o show que foi apresentado em seguida. Então, sempre que íamos a uma festa como essa, levávamos os fones de ouvido. E hoje eu posso dizer que ele adora essas festas!

No começo tudo parece muito mais difícil do que realmente é. Mas basta pensar que não há nada de exorbitante. E ter sempre em mente que essa criança com autismo é igual a qualquer outra criança. Tem desejos, necessidades, sentimentos... Só que ela precisa que ensinemos de uma forma diferente.

Uma criança aprende muito mais rápido, apenas observando o que fazemos e como fazemos. Já uma criança com autismo dependerá de que que a ensinemos, passo a passo. Ela poderá sim ter muitas limitações, mas não é incapaz de aprender. Nunca duvide da sua capacidade.

Um dia alguém me disse que talvez meu filho nunca fosse andar. Mas com 3 anos e meio ele andou.

Um dia me falaram que ele talvez nunca fosse falar. Mas com 6 anos de idade ele falou. Não é uma fala como das outras crianças da mesma idade, mas ele conseguiu falar e dizer o que queria. Que estava com fome, que queria passear...

E vocês precisam ver que bonitinho era quando, antes de dormir, ele dizia: "Mamãe, reza..." Porque ele não sabia rezar, mas gostava de ouvir eu rezar a oração do Pai-Nosso para ele antes de dormir.

Eu ouço ele me chamar de mamãe ou de Rê todos os dias, várias vezes ao dia, às vezes até cansar! Ainda ontem, ele estava folheando uma revista e nessa revista tinha fotos dos alunos e profissionais da APAE. Ele me chamou e começou a apontar e a dizer o nome de um por um...

Quando eu imaginaria que um dia isso seria possível?

Não permita que digam que seu filho jamais será capaz disso ou daquilo. Não sabemos o dia de amanhã! Mas sabemos o que podemos fazer por eles hoje! Então faça tudo o que estiver ao seu alcance! E não se culpe achando que poderia fazer ainda mais. Faça o que puder e já estará fazendo muito!

Como eu disse, não existe uma receita pronta! Mas, para mim, o caminho após o diagnóstico é esse:

Intervenção com terapias de acordo com a necessidade específica da criança.

Se a criança apresenta dificuldade ou atraso na fala, procure uma fonoaudióloga. Se apresenta problemas no comportamento, uma psicóloga. Se apresenta dificuldade na área escolar, uma psicopedagoga. Se apresenta problemas motores, uma fisioterapeuta. Se apresenta problemas ou dificuldades relacionadas ao brincar, às atividades de vida diária, uma terapeuta ocupacional. E assim por diante!

Quando for necessário e houver indicação médica, faça uso dos medicamentos prescritos, de modo correto

Não é dar quando você acha que deve dar. É dar de acordo com a indicação do médico e ir ajustando a dosagem juntamente com ele e não por conta própria. Remédio é algo muito sério!

Cuidados com pais e cuidadores

Outra recomendação de extrema importância. Procure ajuda se sentir que precisa!

A busca constante por conhecimento

Busque ler e se informar a respeito do autismo. Estar sempre se atualizando. Dessa forma você dificilmente será enganado.

A LUTA INCANSÁVEL PELOS DIREITOS

Se sentir necessidade busque por ajuda e orientação profissional. Os autistas já têm muitos direitos garantidos por lei, mas que, às vezes, passam despercebidos.

FÉ E TRATAMENTO ESPIRITUAL

Eis um ponto muito importante! Não basta cuidar do corpo! É preciso cuidar também do espírito! E acima de qualquer coisa, tenha sempre muito amor, carinho, dedicação e paciência. Deus nunca dá fardo maior do que aquele que você suporta carregar!

Resumindo, na minha opinião, o que seria um tratamento eficaz para o autismo:

1. Intervenções com terapias de acordo com a necessidade da criança.
2. Medicação quando necessária e receitada por um especialista.
3. Tratamento espiritual.

Para mim é esse o caminho!!!

Uma vez assisti a um filme chamado "Procurando Nemo". Dory, um peixinho (fêmea), sofria de amnésia, mas tinha um lema de vida muito interessante. Ela dizia que quando a vida decepciona, a solução é "continuar a nadar", para achar a solução.

Esse se tornou o meu lema de vida também. E é essa reflexão que eu gostaria de deixar para você.

Diante de qualquer dificuldade que possa aparecer na sua vida e em todos aqueles momentos que você se sentir sozinho, que você também aprenda a seguir sempre em frente.

Independentemente da situação, continue a nadar! Porque uma hora ou outra a solução aparecerá bem diante dos seus olhos. E certamente você encontrará o melhor caminho ou alguém que lhe guie.

Espero ter conseguido ajudar com alguma coisa!

Obrigada por ter lido até o final!

Que Deus lhe abençoe e sempre lhe ajude, dando muita força para vencer esta prova! Você não está sozinho!!!

Um abraço fraterno...

Regiane Gonzaga

VOCÊ PRECISA CONHECER

Vidas - memórias e amizades
Wilson Garcia
Biografia • 16x23 cm • 200 pp.

Este é um livro que fala de vidas e dos conflitos que permeiam as relações humanas e a intimidade dos seres. Wilson Garcia recorda fatos e amizades. Visita o passado, relembrando as personalidades de Aluysio Palhares, Antonio Lucena, Ary Lex, Carlos Jordão da Silva, Deolindo Amorim, Eduardo Carvalho Monteiro, Hamilton Saraiva, Hélio Rossi, Jorge Rizzini, Paulo Alves Godoy e Valentim Lorenzetti.

Menino iluminante x dragão fumegante
Maria Eny R. Paiva
Infantil • 21,5x15,5 • 32 pp.

É a história da luta entre Joãozinho e um dragão malvado. Através do processo de lutar e vencer, o conto mostra a importância de controlar as próprias emoções, através de várias atividades e a ação inteligente e solidária. O final é engraçado e otimista.

O calvário de Tereza
Lúcia Cominatto
Romance espírita • 14x21 cm • 152 pp.

A reencarnação de Tereza seria abençoada oportunidade de aprender a lidar com as privações de uma vida modesta, bem diferente do que fora sua existência anterior.

Num parto normal, finalmente nasceu Isabela. A criança, porém, era portadora da Síndrome de Down. Foi assim que começou *O calvário de Tereza*.

VOCÊ PRECISA CONHECER

O que é dependência química
Maria Heloisa Bernardo
Dependência química • 14x21 cm • 192 pp.

Temas importantes serão abordados nesta obra, como a doença da dependência química e suas fases de evolução, os mitos e tabus sobre as substâncias psicoativas. Um verdadeiro alento para quem vive esse drama, sejam os familiares ou o próprio dependente, pois enfatiza que recuperar é possível – e aponta alguns caminhos.

Diário de um adicto
Adilson Mételer
Dependência química • 14x21 • 160 pp.

Esta é uma visão realista da doença da adicção, um depoimento corajoso de um dependente químico em recuperação, que conta com conhecimento de causa quanto sofrimento pode haver na vida de quem usa drogas, bem como nas vidas dos familiares. É também uma inspiração e uma prova de que se deve ter esperança!

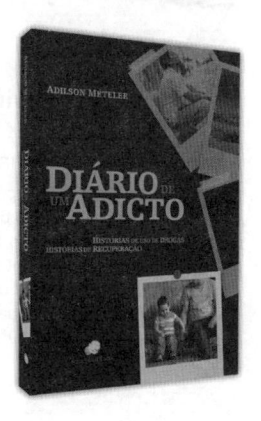

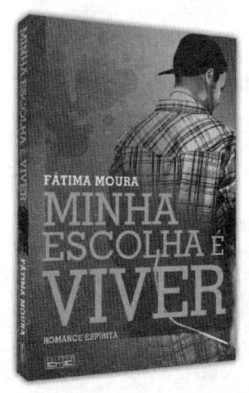

Minha escolha é viver
Fátima Moura
Romance espírita • 14x21 cm • 192 pp.

Fátima Moura junta-se aos jovens nesse seu romance, *Minha escolha é viver*, com o intuito de abrir-lhes os olhos e mostrar que, mais importante que pertencer a grupos, é manter a dignidade e os valores morais recebidos na infância. O uso de droga é uma opção. E essa escolha pode ser fatal.

VOCÊ PRECISA CONHECER

André Luiz e suas revelações
Luiz Gonzaga Pinheiro
Estudo • 14x21 cm • 184 pp.

Ao longo da série *A vida no mundo espiritual* a alma humana é profundamente dissecada. Como cada livro trata de um tema individual, Luiz Gonzaga Pinheiro escolheu 20, desdobrando-os e aprofundando-os para que cheguem ao entendimento do leitor sem muito tempo para pesquisa ou sem afinidade com a ciência.

Doutrinação para iniciantes
Luiz Gonzaga Pinheiro
Doutrinário • 14x21 cm • 256 pp.

Criada e desenvolvida por Allan Kardec, a doutrinação espírita é usada para conduzir à luz os espíritos desencarnados. Antes muito voltada aos espíritos obsessores, hoje a doutrinação se destina a todos os espíritos. Neste livro, Luiz Gonzaga Pinheiro retoma o assunto que, em suas palavras, é "uma das mais belas tarefas da casa espírita", mas também "uma das mais difíceis de executar".

Suicídio – a falência da razão
Luiz Gonzaga Pinheiro
Estudo • 14x21 cm • 216 pp.

Por qual razão alguém se acha com o direito de agredir a vida? Todo aquele que atenta contra a vida comete um crime brutal contra as leis de amor instituídas por Deus. Nesta obra, Luiz Gonzaga Pinheiro analisa o suicídio sob diversos aspectos, sempre tentando desconstruir a ideia da sua prática, enfatizando o erro fatal que é a sua realização.

VOCÊ PRECISA CONHECER

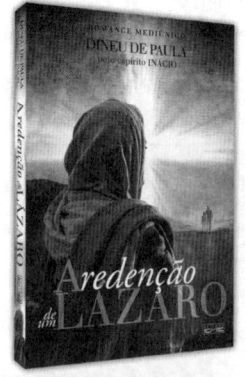

A redenção de um lázaro
Dineu de Paula (médium) • Inácio (espírito)
Romance mediúnico • 15,5x21,5 cm • 320 pp.

Nascido na Espanha ao tempo da Santa Inquisição, Inácio sente-se perseguido por uma religião que o sufoca. Qual será a razão desta aversão tão grande? A que provas Inácio precisará ser submetido para entender a finalidade da dor? É o que vamos descobrir nesta história cheia de reviravoltas emocionantes.

Paixão & sublimação - A história de Virna e Marcus Flávius
Ana Maria de Almeida • Josafat (espírito)
Romance mediúnico • 14x21 • 192 pp.

Atravessando vários períodos da História, Virna e Marcus Flávius, os personagens desta trama, serão submetidos ao cadinho das experiências e das provações e, como diamante arrancado da rocha, serão lapidados através das múltiplas experiências na carne até converterem-se em servos de Deus.

O faraó Merneftá
Vera Kryzhanovskaia • John Wilmot Rochester (espírito)
Romance mediúnico • 16x22,5 • 304 pp.

O livro *O faraó Merneftá*, personagem que representa uma das encarnações de Rochester, autor espiritual da obra, nos mostra com grande veracidade a destruição que o sentimento de ódio desencadeia na vida do espírito imortal.

Vivendo na época de Moisés, um tempo de repressão e disputa pelo poder, as paixões exacerbadas de seus protagonistas provocaram tragédias que demandariam muito tempo para serem superadas.

VOCÊ PRECISA CONHECER

Peça e receba – o Universo conspira a seu favor
José Lázaro Boberg
Estudo • 16x22,5 cm • 248 pp.

José Lázaro Boberg reflete sobre a força do pensamento, com base nos estudos desenvolvidos pelos físicos quânticos, que trouxeram um volume extraordinário de ensinamentos a respeito da capacidade que cada ser tem de construir sua própria vida, amparando-se nas Leis do Universo.

Getúlio Vargas em dois mundos
Wanda A. Canutti • Eça de Queirós (espírito)
Romance mediúnico • 16x22,5 cm • 344 pp.

Getúlio Vargas realmente suicidou-se? Como foi sua recepção no mundo espiritual? Qual o conteúdo da nova carta à nação, escrita após sua desencarnação? Saiba as respostas para estas e outras perguntas, agora em uma nova edição, com nova capa, novo formato e novo projeto gráfico.

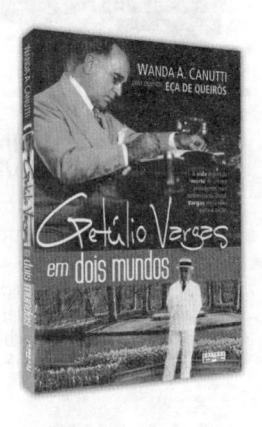

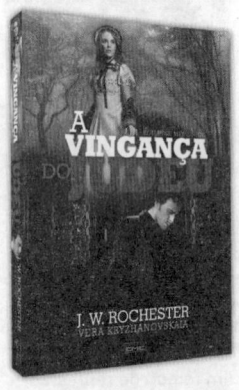

A vingança do judeu
Vera Kryzhanovskaia • J. W. Rochester (espírito)
Romance mediúnico • 16x22,5 cm • 424 pp.

O clássico romance de Rochester agora pela EME, com nova tradução, retrata em cativante história de amor e ódio, os terríveis fatos causados pelos preconceitos de raça, classe social e fortuna e mostra ao leitor a influência benéfica exercida pelo espiritismo sobre a sociedade.

Não encontrando os livros da **EME** na livraria de sua preferência,
solicite o endereço de nosso distribuidor mais próximo de você através de
Fones: (19) 3491-7000 / 3491-5449
(claro) 9 9317-2800 (vivo) 9 9983-2575
E-mail: vendas@editoraeme.com.br – Site: www.editoraeme.com.br